浙江省虚拟仿真实验教学"无人机航拍摄影虚拟仿真实验"项

Introduction

NEWS

Reporting

无 人 机
新闻报道概论

邵 鹏　王军伟　刘建民　◎主编

ZHEJIANG UNIVERSITY PRESS
浙江大学出版社

·杭州·

图书在版编目（CIP）数据

无人机新闻报道概论 / 邵鹏，王军伟，刘建民主编
. — 杭州：浙江大学出版社，2023.11
ISBN 978-7-308-24315-5

Ⅰ．①无… Ⅱ．①邵… ②王… ③刘… Ⅲ．①无人驾
驶飞机－应用－新闻报道－概论 Ⅳ．①G212

中国国家版本馆CIP数据核字(2023)第199569号

无人机新闻报道概论

WURENJI XINWEN BAODAO GAILUN

邵　鹏　王军伟　刘建民　主编

责任编辑	朱　玲
责任校对	傅宏梁
责任印制	范洪法
封面设计	春天书装
出版发行	浙江大学出版社
	（杭州市天目山路148号　邮政编码　310007）
	（网址：http：//www.zjupress.com）
排　　版	杭州林智广告有限公司
印　　刷	杭州宏雅印刷有限公司
开　　本	787mm×1092mm　1/16
印　　张	10.5
字　　数	200千
版 印 次	2023年11月第1版　2023年11月第1次印刷
书　　号	ISBN 978-7-308-24315-5
定　　价	39.00元

目 录
CONTENTS

绪　论

党的二十大报告强调要"巩固壮大奋进新时代主流思想舆论"，要"加强全媒体传播体系建设，塑造主流舆论新格局"。同时，要"深入开展社会主义核心价值观宣传教育，深化爱国主义、集体主义、社会主义教育，着力培养担当民族复兴大任的时代新人。"

面对努力打通实现中华民族伟大复兴战略全局和世界百年未有之大变局的时代命题、实际问题、赶考课题，新闻传播学的教学科研要深刻领悟"两个确立"、坚决做到"两个维护"的政治自觉、思想自觉、行动自觉和情感自觉。在新闻媒体的实践领域中更要沉下去，增强脚力、眼力、脑力、笔力，用老百姓的话说老百姓想说的话，才能促"一张报纸，上连党心，下接民心"，最终助党的声音直插祖国大地，为以中国式现代化全面推进中华民族伟大复兴，做出新闻人的贡献。

当前，无人机辅助新闻报道已经成为中国新闻工作者实践能力提升的一门必修课。新技术拓展了新视野，新技术也展现了新时代新征程中新闻舆论工作的新作为，有助于对外讲好中国故事，传播好中国声音。

无人机（unmanned aerial vehicle，简称 UAV），顾名思义是指"无人驾驶"的"飞机"，即一般意义上所说的利用无线电遥控设备和自备的程序控制装置操纵的不载人飞行器。早期，无人机主要用于军事。随着技术的进步与社会的发展，无人机在军事领域的卓越表现引起了公众的广泛关注。无人机相关技术开始进入民用领域，其应用方向包括森林状况监测、森林资源清查、野生动物调查、雪崩巡查、空气质量检测、气体跟踪、地下水排放监测、矿产调查和精准农业等。无人机技术在民用领域的应用为不同行业新业务的开展提供了便利，更进一步推动了无人机技术在民用领域的遍地开花。2010 年，总部位于法国巴黎的无人机及无线产品制造商 Parrot 发布了世界上首款四旋翼无人机产品 AR. Drone，该无人机搭载了两台相机，并可以通过 Wi-Fi 连接 iPhone 进行操控，使得无人机摆脱了传统的遥控器，与消费级电子产品深度结合，开启了更多企业进入消费级无人机市场的契机。2012 年之前，消费级无人机的客户多为航空模型爱好者。2013 年，大疆公司（DJI）也加入其中，推出了世界首款航拍一体机 Phantom。该无人机可以适配 GoPro 和其他轻便相机，使得此前高成本且高风险的航拍开始走向普罗大众，并逐渐风靡。

廉价高效的无人机开启了一个全民航拍的时代，在此之前航拍无疑是一种昂贵和危险的拍摄方式。但人们渴望这种鸟瞰大地的视野和居高临下的视觉享受，而航拍以俯瞰式的宏大镜头给观众带来了一种超凡的视觉感受和内心震撼，因此航拍技术被运用于一些重大场合、重大事件的新闻报道中，在丰富新闻视角的同时，也增强了新闻的传播效果。随着无人机的快速发展，特别是航拍一体机等相关技术的不断完善，无人机摄影和无人机摄像逐渐被运用到普通新闻报道当中，更多的无人机元素开始取代传统的新闻生产要素。无人机通过安装或者携带摄像机使我们获得了来自空中的视角，其自上而下的俯拍视角与传统新闻的拍摄方式截然不同。无人机新闻（drone journalism）也由此进入了公众和新闻媒体的视野，并成了一种全新的报道模式。无人机新闻是新闻机构和公民媒体通过远程遥控或者自主无人机（无人驾驶遥感飞行器）获取静态图像与视频来记录事件的一种新闻报道方式。无人机新闻的本质是一种新闻素材的采集方式。无人机新闻凭借低成本、低风险和高效率的特点，迅速成为新闻生产的利器。而如何有效地将无人机普及到新闻生产和报道的更广泛领域，提升无人机新闻报道的内容质量，提高无人机新闻从业者的媒介素养依然是新闻学教育领域中的重要议题。

第一节　无人机新闻与新闻教学

无人机新闻是新闻报道的新模式，其核心是航拍报道方式的普遍化和常态化。对观众而言，无人机居高临下的俯拍视角能够在有限的屏幕空间中呈现出更大范围的新闻信息，可以提供给观众地面报道所不能涉及的宏观视野。对于新闻从业者来说，无人机新闻这种新模式不仅意味着一种新设备与新技术的应用，而且利用无人机采集的新闻素材，报道变得更加立体全面。科学技术的发展催生了新闻生产方式的变革，在大数据新闻、传感器新闻等新技术推动新闻行业发展的同时，也对新闻从业人员的综合素质提出了更高的要求。新闻教学作为培养新闻人才的第一线，为了应对新的发展形势，培养满足社会需求的新闻人才，也开始通过多种方式寻求教学模式的转变。

一、技术发展催生新闻生产方式变革

新闻生产是一种社会建构的过程，多媒体技术和信息与通信技术的快速发展是催生新闻生产方式变革的直接因素。从纸媒时代、大众媒介时代、互联网时代到大数据时代，随着科技的发展与行业的变革，新闻生产模式、新闻生产要素以及新闻从业人员的素质不断发生变化。无人机新闻通过采集客观真实的原始素材，提供了让受众以区别于以往的视角观察所处真实世界的机会。通过无人机新闻，受众能够在突发事件、自然灾害、恐怖袭击等发生后第一时间了解现场的状况，看到真实的现场。网络时代快节奏的社会与浅阅读的受众决定了直观感受将成为新的社会潮流，无人机新闻带来的视觉化传播则恰好契合了社会需求。尽管相关的法律条款有待完善，但无人机新闻的发展趋势已经不可逆转。

从时间上来看，中国媒体将无人机运用到新闻报道领域起步相对较早。2012年，重庆晨报社就成立了无人机航拍工作室，多家电视台的综艺节目也在同期开始使用无人机进行节目录制。作为国内新闻行业的领头羊，2015年6月，新华网率先组建了首家全国性无人机报道编队，并在"8·12"天津滨海新区危险品仓库爆炸事件的新闻报道中投入实战，一举让无人机新闻进入了公众视野。此后，很多新闻媒体也开始陆续组建自己的无人机新闻报道团队。无人机新闻报道的全面推进还需要优先解决法律法规问题。在该领域，美国、澳大利亚、英国、肯尼亚等国家起步相对较早。2013年，澳大利亚首先在法律层面允许无人机在新闻报道中运用。2015年，CNN（美国有线电视新闻网）也与美国联邦航空管理局达成协议，实现了无人机新闻报道的合法化。除此之外，《纽约时报》、ABC（美国广播公司）等媒体巨头也纷纷加入无人机新闻报道的行列。BBC（英国广播公司）几乎在2015年同一时期，被允许在固定区域使用无人机进行远程控制的摄影摄像。在肯尼亚，无人机摄影摄像也同样被允许在安波塞利国家公园和马赛马拉大草原对野生动物进行近距离拍摄，从而获得了令人震撼的镜头效果。

二、社会需求推动新闻教学模式转变

在无人机新闻教学方面，来自美国内布拉斯加林肯大学的马特·韦特教授是无人机新闻教学的先行者，他通过观察无人机拍摄敏锐地察觉到无人机新闻的潜力，并且率先于 2011 年 11 月在内布拉斯加林肯大学的新闻与大众传播学院创建了无人机新闻实验室，主要探索无人机如何更好地用于新闻报道。不久，美国密苏里大学新闻学院也启动了密苏里无人机新闻项目，致力于帮助学生理解和使用小型无人飞行系统，以服务社会。哥伦比亚大学新闻学研究生院也建设了数据新闻研究中心，探究科技是以何种方式改变新闻、新闻实践以及新闻消费的。其通过建设无人机新闻实验室并开设相关课程，使新闻专业的学生能够接触最前沿的新闻采集方式。美国的学院派学者从理论和实践两个方面对无人机新闻进行了探索，为无人机新闻广泛的社会应用奠定了坚实基础。

西班牙的新闻教育也在寻求变革，更加强调专业化和实践训练。在渐变的教学趋势中强调传播内容并突出实践训练的显要地位，旨在提高新闻专业技能。在课程设置方面，除了规定课程外，还设计了更多解决具体问题的专业性课程。如为了适应新形势，加入了更多的新媒体专业培训课程。同时，新旧计划有着较好的传承性，保留了大约 80% 的传统课程。近年来，国内各高校也在教学计划调整过程中将无人机新闻报道纳入其中，并取得了不少成功的教学经验。

三、国内无人机新闻教育相对滞后

目前，中国虽然是无人机生产大国，中国产无人机占据了全球约 70% 的市场份额，但我国的无人机教育教学，尤其是无人机新闻教育却相对滞后。2015 年之前成规模的无人机培训还相对较少，承担无人机培训的也主要是一些社会机构，如各省区市的航模俱乐部、无人机协会（AOPA）、摄影师俱乐部，以及无人机生产厂商组织的无人机培训等。相较于西方发达国家，国内各新闻院校无人机新闻教育的差距较为明显，各院校暂时没有开设无人机相关固定课程，也没有相应的专业教材，无人机新闻教育教学工作基本处于空白状态。在此阶段，各院校的一些学生社团和兴趣小组成了无人机新闻教育教学的重要补充。但是，无人机新闻报道作为新闻传播学科教学的新领域，没有统一的教学标准和流程，无疑为后期的无人机新闻报道实践留下了巨大的隐患。

当前，无人机新闻教学还存在重实践轻理论的问题，教学过程中普遍更侧重于无人机设备的操作，仅仅将其视为一种新闻报道过程中的生产工具，而对无人机所带来的生产模式变化与新闻意识变迁缺乏足够的认识，传统新闻报道思维仍然没有改变，进而也缺乏足够的教学创新与理念提升。

第二节　无人机教育的现状

我国的无人机教育虽然起步较晚且发展并不完善，但也积累了不少宝贵的教学经验和教学成果。尤其是高校和专业新闻机构积极地参与到无人机教育培训当中，极大地提升了无人机教育培训的水平。当前，无人机教育培训的核心主要集中在无人机安全教学、无人机操作教学和无人机航拍教学三个方面。

一、无人机安全教学

无人机种类繁多，价格跨度大，加之极具亲和力的工业设计，使得无人机安全问题在日常的使用中经常被操作者忽视。值得庆幸的是，当前成规模的无人机培训教育都很重视无人机的操作安全问题，尤其是将无人机与普通航模玩具进行了严格的区分，对无人机可能造成的伤害也有着较为全面的认识，同时，也有部分国家和地区相关法规、各个地区禁飞区域以及无人机安全常识的介绍。但对于无人机安全问题的解决，在教学中还仅限于经验总结阶段，主要依靠有经验的无人机使用者分享自己对失控、失联、撞击、炸机（坠毁）等情况的规避和应对方法，但还没有形成真正系统的操作应对指南。

二、无人机操作教学

无人机操作是当前无人机教学培训的一个主要内容。虽然很多无人机使用者是通过自学完成无人机操作训练的，但随着行业内对无人机操作的日趋规范，一些行业机构和社会团体开始颁发相关的无人机操作驾驶执照，无人机操作开始逐渐走向规范化。在培训和考证的过程中，机构和组织也编撰了一些具体可操作的准则与规范，如无人机操作基础理论、无人机检查维修保养规范、无人机飞行准则等，并且在此环节的培训实践中也形成了一套相对稳定的培训流程，如第一阶段 PC 端的模拟飞行，以掌握操作手柄的使用；第二阶段四旋翼模拟飞行器的飞行训练，模拟真实状况下一些基本动作的完成；第三阶段真实航拍器的实操练习，完成规定动作和达成飞行指令。在此基础上各培训机构还整合了一整套的无人机操作考核标准，如按要求完成起飞、悬停、转向等一系列动作后可获得无人机初级操作证书等。

三、无人机航拍教学

无人机为大众所熟知，并被新闻媒体所广泛应用，很大程度上就是因为无人机航拍功能的逐渐完善。但航拍本身属于摄影摄像在无人机领域的延伸，对于完全没有地面摄影摄像基础的无人机使用者而言，单独的无人机航拍教学显然是没有意义的。只有在掌握地面摄影摄像构图、色彩、镜头运用等一些技巧的基础上，航拍的学习才有意义。甚至有观点认为必须在已经熟练掌握传统摄影摄像甚至剪辑等专业技术的基础上，才能开始无人机航拍的学习，否则很难达到新闻媒体报道的要求。绝大多数培训机构很少涉及专业的航拍教学，即便有，也主要是通过案例教学的方式来完成一些粗浅的介绍。

总体而言，无人机新闻并没有成为无人机教学培训的重点，虽然新闻媒体和新闻从业者已经成为无人机拍摄应用的主力军，但是在新闻与无人机的教学培训中对于如何将无人机与新闻报道有机结合的相关教学内容暂时还没有涉及。

第三节　无人机新闻教学的创新

无人机新闻报道的发展虽然迅猛，但也存在三大困境：一是新闻机构无人机装备数量依然有限；二是无人机新闻报道的应用范畴也存在限定性；三是无人机新闻实践与理论人才缺乏。无人机与新闻报道的结合不应该仅仅是一种新闻报道工具的创新，而更应该是一种新闻报道思维模式的创新。因此，从目前无人机的应用角度来看，无人机新闻教学可以从三个维度进行新闻报道思维的创新。

一、无人机新闻的宏观维度

传统新闻报道中的宏观维度通常是通过数据来呈现的，例如，国庆假期的高速公路形成了数千米的拥堵；水灾或火灾等灾难性事件造成了多少居民的财产损失；城市建设和发展的今昔变化等。这些原本很难通过数据提供背景资料的报道，现在可以通过无人机新闻提供更为直观的视觉素材。也就是说，在某些需要宏观背景资料的新闻报道中，可以考虑通过无人机提供更具视觉冲击力和影响力的影像资料，提高新闻报道的客观性和生动性。这也就意味着，在无人机教学中大场景的实景拍摄练习是必不可少的，尤其是在教学中进行诸如在指定的时间内完成无人机飞行路线的设定、快速安全执行拍摄任务、及时编辑新闻素材并完成新闻报道的能力素质培养等。

二、无人机新闻的距离维度

在新闻报道中无人机可以代替记者完成危险的拍摄任务，或者在记者无法抵达的地区通过无人机完成抵近拍摄。例如，建筑物或者水坝的定点爆破、大规模的烟火表演、高空违章建筑的拆除，或某些正常采访受阻的情况等。这类新闻报道不仅要求新闻从业者能够操作无人机进行高空飞行作业，还需要能够完成无人机低空和抵近拍摄任务。这要求在教学中能让学生对空中飞行拍摄的三维距离有足够的熟悉和把握，学会如何避免在地面操控无人机所形成的视觉误差，使得无人机抵近飞行拍摄的同时能够保证飞行器和周边人员的人身安全。

三、无人机新闻的视野维度

无人机新闻还是一种俯瞰视角的呈现，其航拍的艺术性效果往往是地面拍摄所无法实现的。越来越多的无人机新闻图片和新闻画面被采用的重要原因就是这种来自空中的构图艺术，这就要求学生对于空中拍摄的构图有一个预先的构思和策划。无人机逗留在空中的时间较短，而新闻画面更是转瞬即逝，要在较短的时间内抓住新闻事件中的珍贵画面，对无人机新闻教学提出了更高的要求。这需要在教学中培养学生对于无人机拍摄时间、气候、光线等多种元素的综合把握，以及对无人机拍摄地点和角度等多种元素的选择。

总体而言，我国无人机新闻教学还处于起步和摸索阶段，需要与无人机生产企业的高新技术研发、新闻从业者的实践经验积累和新闻教学工作者的学术理论研究相结合，通过社会力量的沟通交流和共同努力，提升无人机新闻报道的水平，扩大无人机的应用范畴，夯实无人机新闻领域的基础理论，培养更多适应行业发展的高素质综合型人才。

Chapter 1

第一章

无人机与无人机新闻概述

第一节 无人机的界定与分类

在消费级无人机普及前，公众对"无人机"的认识仅限于军事领域的一种作战武器，"无人机"一词作为军事现代化的重要标志也最早出现在军事新闻报道中。随着大疆、零度等无人机厂商在2014年后的大力推动，消费级无人机市场开始迅猛发展。消费级无人机因其价格低廉、携带方便、操作便利，而广受消费者欢迎。在该领域中消费级多旋翼航拍无人机因其拥有着出色的飞行性能，成为各种航拍设备的优秀载具，被广泛应用于新闻报道、影视拍摄、旅游采风等领域。

随着消费级无人机市场的不断扩大，各大厂商的不同型号无人机产品层出不穷。市场的快速增长，无人机普及率的不断增加，也使得相关安全事故屡见不鲜。尤其是在无人机飞行高度、区域，以及可靠性没有规范标准的情况下，消费级无人机的迅速普及可能给国家安全、民航起降、居民隐私等问题造成隐患。因此，如何界定无人机，如何规范无人机的使用范围，以及明确相关管理部门，并在规范治理的基础上推动行业产业的快速发展，已经成为该领域的关注焦点。事实上，2017年5月，中国民用航空局就曾经颁布过《民用无人驾驶航空器实名制登记管理规定》，并在其中明确将最大起飞重量在250克以上的无人机都纳入监管范围，并要求所有的无人机持有者必须实名登记注册。2019年11月，中国民用航空局又再次印发通知，对轻小型民用无人机飞行动态数据进行监管。那么针对这些监管规定，该如何界定无人机？无人机辅助新闻报道又该如何规范？这些监管规定将如何影响无人机在新闻报道领域的应用？这是本章将讨论的重点内容。

一、无人机的概念、分类和构成

（一）无人机的定义

无人机，顾名思义是指"无人驾驶"的"飞机"，即一般意义上所说的是利用无线电遥控设备和自备的程序控制装置操纵的不载人飞行器。与载人飞机相比，它具有体积小、造价低、使用方便等特点。目前，在军事领域无人机已经被广泛应用于空中侦察、反潜、通信、监视、电子干扰等。无人机的价值在于替代"载人飞行器"完成空中作业，并且能够拥有充足的空中载荷，融合其他拓展部件实现多场景、多功能的应用与实践。

在对无人机的定义上，有观点认为应该适当扩大其界定范畴以适应技术的发展变化，即所谓无人机，是指同时具备自动飞行控制（控制飞行航线和姿态）性能、带有任务载荷（如完成作业、执行军务）、能进行超视距飞行等要素的无人驾驶飞行器。本书的讨论主题为涉及新闻和影视拍摄功能的消费级无人驾驶飞行器，因此其主要针对的是当前市场上盛行的用于航拍的消费级无人机产品，或者被称为"遥控多旋翼飞行器"的微型无人机。需要注意的是，这仅仅是近年来在无人机庞大"家族"中异军突起的一个小分支。在无人机的分类界定中，目前普遍按照无人机的不同形态（种类）、应用领域、体量、活动半径、实用升限进行分类。

（二）无人机的分类

1. 按形态（种类）分类

按形态（种类）划分，无人机可分为六大阵营，分别是无人直升机、无人固定翼机、无人多旋翼飞行器、无人飞艇、无人伞翼机和扑翼式微型无人机。

（1）无人直升机，一般是指靠一组或两组主旋翼提供升力的无人驾驶飞行器。该类无人机可以垂直起降，续航时间比较中庸，载荷也比较中庸，但结构相对来说比较复杂，操控难度也较大（见图1-1）。

图1-1　遥控直升机模型

（2）无人固定翼机。所谓固定翼，是指机翼位置固定不变，依靠机翼结构产生气流提供升力。我们平时乘坐的民航客机就是典型的固定翼飞机，其需要跑道进行飞机起降，具有续航时间长、飞行效率高、载荷大的优点（见图1-2）。

图1-2 无人固定翼机

（3）无人多旋翼飞行器。该类型无人机是由多组动力系统组成的飞行平台，一般常见的有四旋翼、六旋翼、八旋翼……甚至更多旋翼。目前，消费级的无人机产品多采用多旋翼结构，其优点是机械结构简单、便于生产、易于操控，但同时也存在续航时间最短、载荷小的缺点（见图1-3）。

图1-3 大疆四旋翼无人机

（4）无人飞艇。飞艇是一种轻于空气的航空器，它与热气球最大的区别在于具有推进和控制飞行状态的装置。这类飞行器多用于空中监视、巡逻、中继通信、空中广告、任务搭载实验、电力架线等。在应用领域，飞艇的主要问题是体积硕大，飞行速度较慢（见图1-4）。

图 1-4　Airlander 飞艇

（5）无人伞翼机。这是一种用柔性伞翼代替刚性机翼的飞机，伞翼可收叠存放，张开后利用迎面气流产生升力而升空，起飞和着陆滑跑距离短，常用于运输、通信、侦察、勘探和科学考察等（见图 1-5）。

图 1-5　无人伞翼机

（6）扑翼式微型无人机。该类型无人机是仿生鸟类或者昆虫的飞行而产生的。在战场上这类微型无人机特别是昆虫式无人机，不易引起敌方注意，更能出奇制胜。和平时期，在探测核污染或生化污染、搜寻灾难幸存者、监视犯罪团伙等方面也有应用（见图 1-6）。

图 1-6　扑翼微型无人机

2. 按应用领域分类

按应用领域进行分类，无人机可分为军用无人机和民用无人机两大类。目前，军用无人机依然占据着无人机发展的核心地位，但民用无人机的应用与普及也在快速增长。

（1）军用无人机。随着遥感、通信、导航以及小型化技术的突破发展，无人驾驶飞机在军用领域首先取得广泛应用，尤其是在各类军事训练中充当靶机。军用无人机作为现代空中军事力量的一员，具有无人员伤亡、使用限制少、隐蔽性好、效费比高等特点，可以运用在信息支援、信息对抗、火力打击等领域。

（2）民用无人机。民用无人机包括专业级无人机和消费级无人机两大类别。专业级无人机多应用于商业、公共管理、科研等行业领域，而消费级无人机多应用于大众消费领域。

专业级无人机，即一般所说的工业级无人机。相较于消费级无人机有更高的技术门槛。为了满足行业需要，要求此类无人机有更长的续航能力、更远的飞行距离、更大的任务载荷、更可靠的安全保障等。

消费级无人机是最为大众所熟知的类型。这类无人机一般多为旋翼机，体积不大，续航能力、飞行距离非常有限，主要用于娱乐和航拍。

3. 按体量分类

根据国务院、中央军委于 2023 年 5 月 31 日公布的《无人驾驶航空器飞行管理暂行条例》，该条例所称无人驾驶航空器，是指没有机载驾驶员、自备动力系统的航空器。无人驾驶航空器按照性能指标分为微型、轻型、小型、中型和大型。

微型无人驾驶航空器，是指空机重量小于 0.25 千克，最大飞行真高不超过 50 米，最大平飞速度不超过 40 千米 / 小时，无线电发射设备符合微功率短距离技术要求，全程可以随时人工介入操控的无人驾驶航空器。

轻型无人驾驶航空器，是指空机重量不超过 4 千克且最大起飞重量不超过 7 千克，最大平飞速度不超过 100 千米 / 小时，具备符合空域管理要求的空域保持能力和可靠被监视能力，全程可以随时人工介入操控的无人驾驶航空器，但不包括微型无人驾驶航空器。

小型无人驾驶航空器，是指空机重量不超过 15 千克且最大起飞重量不超过 25 千克，具备符合空域管理要求的空域保持能力和可靠被监视能力，全程可以随时人工介入操控的无人驾驶航空器，但不包括微型、轻型无人驾驶航空器。

中型无人驾驶航空器，是指最大起飞重量不超过 150 千克的无人驾驶航空器，但不包括微型、轻型、小型无人驾驶航空器。

大型无人驾驶航空器，是指最大起飞重量超过 150 千克的无人驾驶航空器。

4. 按活动半径分类

按活动半径分类，无人机可分为超近程、近程、短程、中程和远程无人机。

超近程无人机的活动半径为 5 ～ 15 千米，近程无人机为 15 ～ 50 千米，短程无人机为 50 ～ 200 千米，中程无人机为 200 ～ 800 千米，远程无人机一般大于 800 千米。

5. 按实用升限分类

按实用升限分类，无人机可分为超低空、低空、中空、高空和超高空等几类。

超低空无人机的实用升限为 0 ～ 100 米，可用于农林作业、旅游、搜索和救援、强击和脱离敌区等。低空无人机为 100 ～ 1000 米，可用于训练、伞降、空投、侦察、强击和农林作业等。中空无人机为 1000 ～ 7000 米，可用于训练、巡逻、轰炸和航线飞行。高空无人机为 7000 ～ 20000 米，可用于训练、侦察、轰炸、拦击、巡逻和航线飞行。超高空无人机一般大于 20000 米，可用于侦察、截击等。

虽然，对于无人机的划分标准有很多，但是目前不同机构对于无人机的划分标准尚不统一。

（三）无人机系统的构成

无人机系统一般由飞行系统（机体、动力系统、导航系统、通信系统、飞机控制系统）、任务载荷系统（云台、相机、传感器、其他）和地面控制系统（无线电控制系统、数据处理系统、监控系统、辅助系统）三大部分组成。飞行系统和任务载荷系统组成了整个飞行器，根据负载能力和实现任务的不同，一个平台可以搭载多套有效载荷系统，实现复杂功能（见图 1-7）。

二、无人机的发展历史

目前，在全球消费级无人机市场上，中国的深圳市大疆创新科技有限公司（DJI-Innovations，简称 DJI，大疆）的产品占据了最大的市场份额。大疆的产品以性能优异、价格适中、便捷易用为特点，使得全球消费级无人机市场迅速发展壮大。从目前来看，通过梳理大疆公司的历代产品就可以帮助我们了解全球消费级无人机大致的发展历史和技术脉络（见图 1-8）。

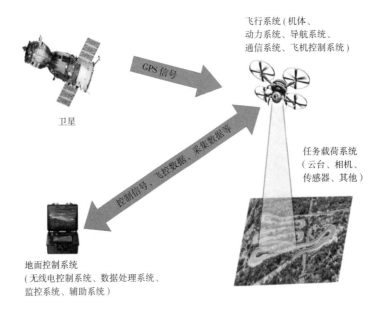

图 1-7　无人机信息系统构成

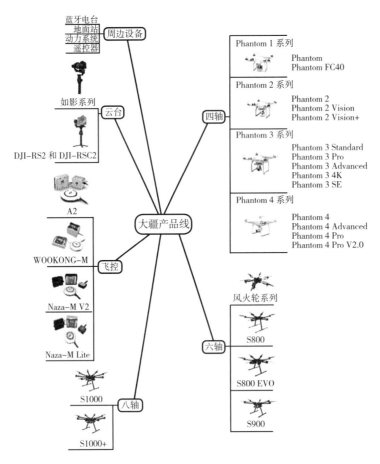

图 1-8　大疆（DJI）无人机发展历程

大疆公司的无人机产品线主要可以分为四轴无人机、六轴无人机、八轴无人机、飞控产品、云台和周边设备。在无人机产品中，大疆共有四大系列：精灵（Phantom）系列、悟（Inspire）系列、筋斗云系列、风火轮系列。近年来，大疆公司主打的极致便携的御（Mavic）系列与晓（Spark）系列也广受市场欢迎。

（一）大疆的第一代产品：从飞控设备到航拍无人机

在世界民用无人机市场中，中国的大疆公司是当之无愧的世界第一。大疆坐落于深圳，是一家无人机飞行控制系统及无人机解决方案的研发和生产企业，公司成立于2006年，是中国的一家独角兽企业。大疆最初的核心技术在于一套成熟的飞行控制系统。2006年1月，大疆公司研制的控制器终于可以使直升机实现自动悬停，无人机研发实现重大突破。此后，在短短的五个月时间里大疆团队就在原有系统的基础上设计出了第一代飞控产品XP1.0，继而2007年推出第二代飞控产品XP2.0，2008年推出第一架自动化电动无人直升机EH-1，并在2008年11月推出了较为成熟的第三代飞控产品XP3.1，使得中国国内的直升机自主悬停技术取得了突破性的进展。在此后，多旋翼技术发展起来之后，大疆很快把在直升机上积累的技术运用到多旋翼飞行器上，并以"未来无所不能"为主旨理念，在无人机系统、手持影像系统和机器人教育领域成为全球领先的品牌，以一流的技术产品重新定义了"中国制造"的创新内涵。2010年，大疆开始研发四旋翼飞行器产品，当年10月推出的ACE ONE飞行控制系统是大疆第一款面向消费者的飞控产品，并在2012年相继推出风火轮系列四旋翼机架、悟空四旋翼飞控和S800六旋翼飞行器。虽然这些产品都仅仅被市场定义为一种好玩的玩具，但在这几年时间中，大疆最终具备了完整的航拍解决方案能力，有了开发一款完整无人机需要的所有技术。

2013年1月，大疆推出第一款畅销产品——大疆Phantom 1，世界首款一体化航拍无人机。高度集成的设计让消费者免安装、免调试，实现真正意义上的到手即飞。Phantom 1四旋翼飞行器让市场的形势发生了巨大变化。这款无人机是包含飞行控制系统、四旋翼机体以及遥控装备的微型一体机，造型优美、简洁易用，而且失控情况下可实现自主返航，即使坠落也不易解体。Phantom 1不仅有较好的抗风性，还具有内置GPS导航功能，可在户外很大的范围内飞行。更重要的是，它还支持悬挂微型相机，可以进行航拍。与传统的飞机和直升机航拍不同，多旋翼无人机小巧灵活，能让拍摄者自由地控制角度和距离。

这款产品对于整个行业而言有着划时代的意义。此前，无人机的组装十分复杂，价格又昂贵，因此只在专业级玩家中流行。而Phantom 1的出现，让航拍成了一件简单的事情，也让更多的普通消费者接触到了无人机，将无人机从航模爱好者拓展到了大众消费市场。这种高度集成一体化的"无人机＋微型相机"的模式重新定义了航拍，所以很快就获得了消费者的认可，并在航拍飞行领域掀起了一阵风暴，引爆了整个无人机领域的使用需求。而凭借这款产品，大疆公司正式奠定了自己的行业地位。公司的营业收入持续成倍增长，保持着相当高的利润以及绝对垄断的市场份额。大疆公司从此走上了无人机领域的巅峰，牢牢地占据着无人机市场的霸主地位。

四代精灵无人机主流产品性能和悬停定位技术优缺点对比见图1-9。

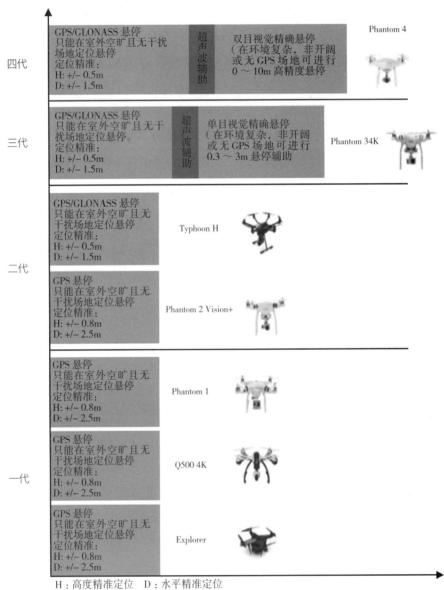

图1-9　四代精灵无人机主流产品性能和悬停定位技术优缺点对比

（二）大疆的第二代产品：更加智能化

2013 年大疆推出精灵二代（Phantom 2）。进入 Phantom 2 产品线以后，大疆公司主要以机体改进和智能化为主，尽可能降低了组装的复杂度。Phantom 2 可以让使用者通过终端来控制飞行与拍摄。配备的高性能相机除了可拍摄高清照片外，还能实现录影，并实时回传。内嵌的 GPS 自动导航系统，可以准确锁定高度和位置，稳定悬停。

而 2015 年问世的精灵三代（Phantom 3）是一款微小型一体航拍无人机，继承了精灵系列几款前作的高度稳定性、卓越飞行体验以及航拍画质。在此基础上，其具备"智能飞行"功能而且拥有 2.7K 超高清机载相机。Phantom 3 高清数字图像传输系统可实现 2 千米内的图像传输，内置的视觉和超声波传感器可让无人机在无 GPS 环境中实现精确定位悬停和平稳飞行。

四代精灵无人机跟随技术优缺点对比见图 1-10。

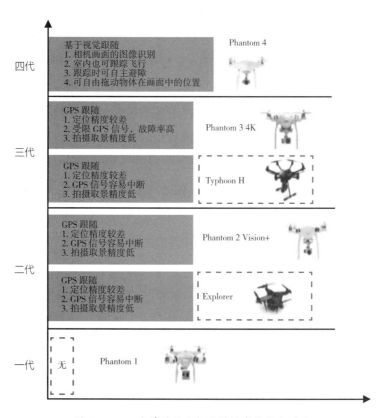

图 1-10　四代精灵无人机跟随技术优缺点对比

（三）大疆的第三代产品：与人工智能结合

2016 年发布的大疆 Phantom 4 总共拥有五个摄像头和两个超声波传感器，其中前置了双摄像头。借鉴仿生学原理，利用左右两个摄像头看到的物体的视觉差，获得物体深度和距离的信息。其飞行时间长达 28 分钟，有效飞行时间比上一代提升约 25%。图像传输和飞行控制距离远达 5 千米。Phantom 4 在 Phantom 3 的基础上，配置都有全面提升，另外首次加入的"障碍感知""智能跟随""指点飞行"三项创新功能成为最大亮点，让无人机真正地与人工智能进行了结合。

2017 年 5 月 31 日，大疆为其首款掌上无人机晓（Spark）举行新品见面会。Spark 也是大疆最小的一款无人机，大小仅相当于听装可乐瓶。Spark 配备 1/2.3 英寸 CMOS 传感器和专业航拍镜头，有效像素 1200 万，可拍摄 1080p、30fps 高清视频。手势控制飞行是 Spark 引入的一种全新互动方式，即无人机能够识别用户的手势，操作人员只需挥挥手就能实现近距离控制无人机、拍照、让无人机回到身边并在掌上降落等一系列操作。Spark 拥有人脸检测功能，将 Spark 放置于手掌，检测到人脸后即可解锁并从掌上起飞、升空悬停，全部准备工作能在开机后 25 秒内完成。Spark 的全景模式可帮助用户将更广阔的天地收入画面中，运用其景深功能，用户可对照片进行部分虚化，突出焦点，轻松创作出专业级别的浅景深作品。Spark 还配备有 DJI GO 4 应用程序内置的多款滤镜。同时，Spark 还有冲天、渐远、环绕和螺旋四种模式的一键短片功能，零门槛可降低学习成本。

大疆公司把飞控技术、飞行器技术、航拍技术等通过自己的产品从垂直领域引入了更大的市场，而这些技术也给予了大疆可观的回报和今天的行业领先优势。大疆先后推出的 Phantom 系列无人机，是在世界范围内产生深远影响的产品。

四代精灵无人机的飞行速度、图传（无线电图像传输）技术、避障性能、综合评估对比见图 1-11 至图 1-14。

（四）从消费级到专业级

消费级无人机的技术门槛实际上很低，让无人机起飞和降落的程序是一套开源系统，很多人都可以拿过来做出一套产品，在淘宝平台上，只需几百元就能买到类似的无人机。相较这些对手，大疆最大的优势在于飞控和云台系统的研发，多年的技术积累使得其产品稳定性强，出现"炸机""放生（飞丢）"的概率相较竞争对手小许多。

然而，这些技术优势都停留在"消费级无人机"这一层级，再往上走还有专业级别的无人机技术。这一分水岭的两边是两个完全不同的产业。随着消费级无人机市场的高度繁荣，很多专业级别的公司也对该产业虎视眈眈。

为此，一方面大疆公司在 2014 年推出了高端航拍一体机——小悟（Inspire）1。Inspire 1 是世界上第一款支持 4K 拍摄的航拍飞行器，其集成三轴云台、4K 相机、智

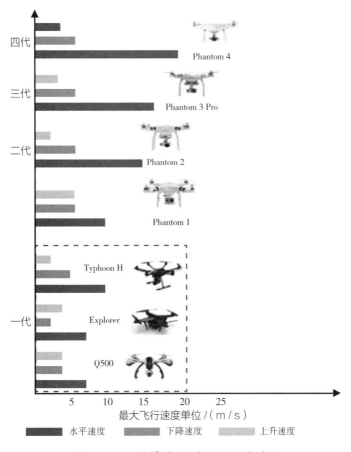

图 1-11　四代精灵无人机飞行性能对比

能电池、自动定点等功能，设备内置的新一代 Lightbridge 高清视频传输技术，解决了此前图像偶尔不稳定、不清晰及传输距离较短的难题，用户在航拍过程中能实时感受 720p 的视觉体验。所有相机和飞控参数已经可以完全通过移动设备 App 来设置，同时支持一键起飞。Inspire 1 能够自动收放起落架，携带极其方便，除了具备基于 GPS 的室外导航系统外，还装配有视觉定位系统，可以在无 GPS 信号的情况下实现自主悬停。另一方面，大疆从 2015 年发布 MG-1 植保无人机开始正式步入农业无人机领域。2017 年，国内植保无人机新增销售量约 1.1 万台，其中大疆销售超过 7500 台，市场份额接近 70%。在短短两年内，大疆便取得了农业市场的领导地位。2020 年一季度，大疆全系植保无人机发货量突破 10000 台，持续领先国内植保无人机领域市场。

目前，大疆在消费级领域的主要无人机产品有御（Mavic）系列、晓（Spark）系列、精灵（Phantom）系列、灵眸（Osmo）系列等；在植保领域有 MG-1P 植保无人机、T16 植保无人飞机、T20 植保无人飞机、Phantom 4 RTK（农田监测）等，产品布局完善。

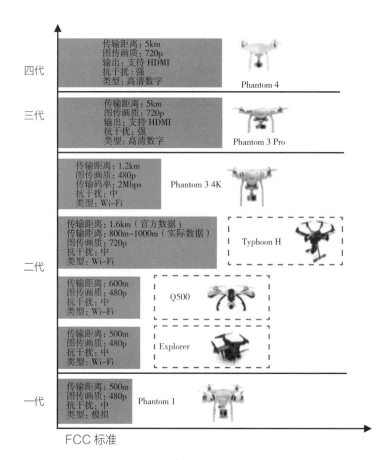

图 1-12 四代精灵无人机图传技术对比

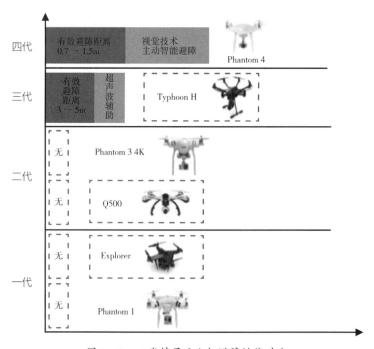

图 1-13 四代精灵无人机避障性能对比

代	产品	视觉	跟随	图传	相机及云台图传	GPS悬停/导航
四代	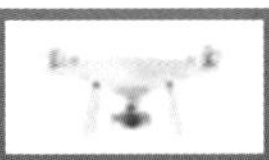 Phantom 4	视觉精确悬停及避障	机器视觉跟随	高清远距离	√	√
三代	 Phantom 3 Pro	初级视觉悬停	GPS跟随	高清远距离	√	√
二代半	 Phantom 3 4K	初级视觉悬停	GPS跟随	Wi-Fi	√	√
	 Typhoon H	超声波避障	GPS跟随	Wi-Fi	√	√
二代	 Phantom 2	×	GPS跟随	Wi-Fi	√	√
	 Q500	×	GPS跟随	Wi-Fi	√	√
	 Explorer	×	GPS跟随	Wi-Fi	√	√
一代	 Phantom 1	×	×	模拟	×	√

图1-14　四代精灵无人机综合评估对比

第二节　无人机新闻

　　无人机在非军事领域的应用为公众的社会生活以及部分行业的业务开展提供了便利。[①] 现在，无人机的技术越来越成熟，这也让无人机由最早期的军事领域过渡到其他领域。新闻传播行业作为新技术的积极应用者，很早就开始采用无人机辅助新闻报道。对于新闻媒体从业者而言，无人机无疑成了他们的"腿脚"与"第二双眼睛"，拓宽了新闻报道的视野，也开启了受众全新的视觉体验。

---

① 邵鹏，左蒙. 无人机新闻与新闻教学中的创新探索 [J]. 中国成人教育，2016（18）：111-113.

一、无人机新闻报道的发展历史

（一）美国无人机新闻的发展

1. 无人机新闻萌芽的社会背景

"无人机新闻"是指利用无线电遥控程序和设备操纵自带摄影摄像装置的不载人飞机采集的新闻。[①] 其最早在美国萌芽。今天新闻传播领域的变革，多数是由传播技术的革新推动的。美国无人机新闻的萌芽，无疑也是无人机技术蓬勃发展的产物。无人机最早诞生于1917年，是作为军事用途的靶机来使用的，此后突破军事用途而被用于城市管理、气象、抢险救灾等民用领域。美国是目前世界上最大的无人机应用市场。[②]

随着计算机小型化、人工智能、超精密技术和机器人的发展，无人机的发展技术越来越成熟，外形也日趋小型化。此前出于安全和战略考虑，美国一直由美国联邦航空管理局（Federal Aviation Administration，FAA）对无人机市场实行严格管制，其民航监管规定，禁止商业无人机飞行。一些美国大企业不断向美国联邦航空管理局施压，要求开放商业无人机市场。迫于压力，美国联邦航空管理局历时10个月选址，终于在2013年12月30日宣布确定阿拉斯加大学、内华达州、纽约州格里菲斯国际机场、北达科他州商务部、得克萨斯农工大学柯柏斯克里斯提学院和弗吉尼亚理工学院暨州立大学六个无人机测试基地。专家和学者在测试基地针对不同的气候条件、地理区域和空域类型对无人机的安全性进行测试，这些数据最终也成为美国联邦航空管理局开放商业无人机市场的依据。

媒体是推动无人机新闻发展的核心力量，但只有当媒体以行业的名义和集体的行为合法参与无人机新闻实践时，无人机新闻才算找到了真正的应用主体。2014年9月25日，美国联邦航空管理局开始授权6家影视传播公司使用无人机从事航拍作业，该决定使得之前严格的民用航空管制体系开始松动，也使得这一天成为美国无人机商业化之路的里程碑。三个多月之后，11家新闻机构也被正式授权开展无人机新闻采访活动，标志着无人机辅助新闻报道正式进入美国新闻传播业界。2014年12月10日，4家公司获批分别可以在航测、施工现场监测和石油钻机检查方面试飞商业无人机。2015年1月6日，Advanced Aviation Solutions公司和Tierra Antiqua公司也获得试飞资格。至此，商业无人机也拓展到了房地产和农业领域。[③]

在放宽商业无人机试飞的同时，美国联邦航空管理局还应国会要求，于2014年

---

① 龙鸿翔. 无人机新闻，美国新闻传播新景观[J]. 编辑之友，2015（8）：109-112.
② 龙鸿翔. 无人机新闻，美国新闻传播新景观[J]. 编辑之友，2015（8）：109-112.
③ 龙鸿翔. 无人机新闻，美国新闻传播新景观[J]. 编辑之友，2015（8）：109-112.

10 月 23 日把首次修改的无人机草案提交白宫。草案的内容一直到 2015 年 2 月 15 日才为外界知晓。但该草案若想被正式批准实施，还需历时一年以上的社会讨论。美国政府问责办公室的官员声称，该草案要到"2016 年年底或 2017 年年初"才能正式实施。无人机新闻的萌芽，与美国无人机技术的发展和商业化抗争密不可分。技术的发展为无人机新闻的发展提供了便捷手段，商业无人机管制的松动为其提供了合法的生长空间。①

2. 美国无人机新闻的正式萌芽和发展

在萌芽期，美国无人机新闻领域以高校参与研究与实践为主，公民记者、发烧友等以个人名义偶尔参与为辅，无人机新闻采访活动受到美国政府的严格限制。

一些有远见的学者看到了无人机在新闻传播方面的优势，率先对无人机新闻进行探索。最早的学院派研究者之一，当属内布拉斯加林肯大学新闻与大众传播学院的马特·韦特教授。无人机新闻的发展始于韦特教授组建的"无人机新闻实验室"。该实验室开设了相关课程，作为其"数字新闻与创新战略"的一部分。专业化"无人机新闻实验室"的建立，标志着美国无人机新闻的正式萌芽，这个全新的领域从此有了属于自己的专业化研究与实践机构。

除应用实践以外，美国学院派还从理论上不断完善无人机新闻的法律规范、伦理道德等。一些高校纷纷成立无人机新闻研究课题组。这些研究多集中在无人机与新闻自由、无人机新闻的法律规范和伦理道德上。内布拉斯加林肯大学的新闻与大众传播学院、密苏里大学新闻学院、北卡罗来纳大学教堂山分校新闻与传播学院等高校都为无人机新闻的学理研究做了大量工作。比如北卡罗来纳大学的媒介法律和政策中心建立了"无人机新闻和法律"专题网站，重点对无人机新闻的法律进行关注和研究。

（二）中国无人机新闻的发展

我国新闻媒体在应用无人机辅助新闻报道领域起步也不算晚。其中，重庆晨报社在 2012 年就成立了无人机航拍工作室，多家电视台的综艺节目也开始频频采用无人机拍摄。2015 年 6 月，新华网率先组建了首家全国性无人机报道编队"天空之眼"，在重大事件、突发事件、专题报道等新闻中，都不乏无人机的身影。可以说，无人机已经成为新闻媒体必要的拍摄手段。无人机新闻是一个相对比较新的事物，所以国家对它的管理并没有十分严密的政策制度，国内目前并没有相关的政策法规，新闻界也没有相应的行业标准。②

---

① 龙鸿翔. 无人机新闻，美国新闻传播新景观 [J]. 编辑之友，2015（8）：109-112.
② 张思远，于娇娇. 无人机新闻的优劣势及发展分析 [J]. 新媒体研究，2016（14）：34-36.

二、无人机在新闻报道中的应用

（一）主要应用实践

1. 灾难等重大突发性事件

在报道灾难等重大突发性事件中，第一时间提供最快的信息、展现真实场景、报道最新动态，是新闻媒体争取受众的重要手段。

突发事件往往波及面积广、威力大，即使身在其中也不能对现场有全面的了解，且经常伴随着不断发生的次生灾害，往往威胁采编人员的人身安全。但是这种新闻记者无法接近的危险和被封锁的新闻现场，无人机却能轻松地从空中穿越障碍拍摄到独家的新闻影像。无人机起飞时间快、无人驾驶的特点特别适合突发性的、灾难性的新闻报道。无人机配备的摄像机和录像机能够快速地捕捉到更多的细节，获取更全面的事件信息，在最短的时间内，更安全地报道突发新闻、灾难或战区情况。

2015 年的"8·12"天津滨海新区危险品仓库爆炸事件、2016 年的"9·28"丽水苏村山体滑坡事故等突发事件中都有无人机的身影。无人机能在第一时间进入现场并传回鸟瞰视频和照片，展现第一现场的全貌。在灾难现场，无人机所拍摄的图像让救援人员能够迅速了解事故情况，为现场救援指挥提供了极大的便利，同时也为事后事故调查、责任追究等提供了记录。

2. 重大节日或活动

无人机航拍提供了俯拍的视角，可以全景式地展示拍摄的环境，增强感染力和冲击力。重大节日或活动已经成为无人机新闻空拍的主要选项，例如，庆祝新中国成立 60 周年、庆祝中国共产党成立 90 周年等重大活动。无人机高空一览无余的视角和近距离跟拍，拍摄的画面一改传统比较平面的呈现方式，大场景画面让节庆活动平添了新的风采，实现了由点到面、由低到高的立体展示，能够反映各地巨大的变化，获得非常好的传播效果，而且能与常规拍摄画面完美融合。

3. 调研或者舆论监督类报道

无人机航拍起飞速度快，小巧灵活，能够突破地势的限制，为新闻提供清晰的画面。在调研类报道中，无人机能弥补传统新闻报道拍摄手法上的不足。2015 年 9 月 27 日至 9 月 30 日，央视首次启用了四架小型无人机连续四天进行钱江潮的直播。其中，一架无人机在空中拍摄钱塘江，一架无人机低空飞行拍摄万人观潮的热闹情景；另外两架无人机则一直追随着潮头拍摄潮水的特写镜头。

无人机新闻报道能够充分展现所有报道的画面，及时、准确、全面、真实地反映新闻事实。尤其在舆论监督类报道中，通过航拍技术的运用，让新闻报道的内容更加直观、丰富，也更具震撼效果，从而达到增强新闻媒体公信力和影响力的目的。

（二）无人机新闻报道的误区

1. 过分追求全景展示

虽然无人机的独特视角能够带来较强的视觉表现力，但是无人机航拍并不过分追求全景。让无人机飞得太高，反而拍摄不到理想的画面。

根据实践经验，采用 5～10 米的升降高度，可以当摇臂使用；在 2～3 米的高度匀速平移，也可以当轨道使用；只要能够精确操作无人机，就能拍摄出理想的动感画面。飞上 20 米左右的高度，无人机就能够拍下一个优美的公路弯道；而当无人机飞到 100 米高时，平时无法看到的城市建筑细节将被展现得淋漓尽致；当高度到达 150 米左右时，一些大型活动的现场可以被全景收录展现出来；高度升到 200 米上下，摩天大楼的周边环境一览无余，城市全貌尽收眼底；而如果升到 400～500 米来拍摄全景画面，观众看到的就只能是层峦叠嶂的山脉和蜿蜒曲折的道路、河流了。因此，无人机航拍的高度在 200 米以下时，拍摄的画面效果将更为精美与理想。[①]

2. 忽视画面语言

无人机在新闻报道中的使用应该要结合新闻事件发生的实际情况。无人机航拍的主要形式为大场景、长镜头，脱离现场人群，不能和新闻现场当事人进行直接交流，没有互动体验，因此从内容上看只能配以旁白，较为空洞抽象。

不要一味只追求航拍的报道方式，而忽视画面语言，导致镜头画面粗糙，缺少新闻细节，这样会造成新闻报道的主体不突出，主题思想不明确，从而导致新闻报道本质的丧失。新闻报道中如果只采用无人机航拍，便只能展现大场景画面，而无法通过细节感染和打动受众，反而有可能会失去捕捉新闻事件精彩瞬间的机会，直接影响报道的表现力。

所以，在运用无人机航拍时，应该让无人机独特的视角为新闻报道的主题服务，同时还需要与传统的拍摄手法相结合。通过航拍与近距离拍摄的相互补充，实现细节与全景场面的有机结合，从而增强新闻的生动性。

3. 轻视高风险因素

目前，无人机航拍的应用都建立在低空空域的开放和宽松管理上，许多人对使用无人机航拍缺少风险意识，日常使用较为随意。由于当前还没有出台关于无人机

---

① 潘文忠. 无人机航拍在电视新闻报道中应用初探[J]. 视听纵横，2017（2）: 61-63.

航拍操作技术的统一标准和规范，所以，操作人员通常都是自行摸索，一旦操作失误，极易因机器坠落而导致财物损失甚至造成人员伤亡。[①]

（三）无人新闻报道的注意点

1. 注重安全，加强检查和事故剖析教育

操作无人机时，侥幸心理永远是安全的大敌。缺乏常识和一瞬间的过失是飞行安全的最大威胁，切不可掉以轻心。无人机航拍应当尽量远离密集人群、车辆、水面和钢结构建筑物，不要在人群头顶上飞行。因画面要求，需要在密集人群上空飞行时，必须讲求万无一失，没有百分之百的把握就不要去航拍，不恰当的飞行地点和飞行方式，都有可能在不知不觉中将他人置于危险之中。出于飞行安全考虑，有必要默认开启飞行限制功能，包括高度和距离限制以及特殊区域飞行限制。同时，各电视台技术部门需要制订严格的无人机使用规程，每一次使用前后都要按规程进行仔细检查。同时，也要对航拍记者经常性地进行事故剖析教育，以防各类事故的发生，避免造成对正常新闻报道的影响。

2. 注意气候，加强各种气象条件航拍的经验积累

在飞行之前，要观察实时天气条件。大多数无人机不抗风雨，即使极小的风雨也会影响无人机性能的发挥。无人机在强风中飞行安全堪忧，得到的画面也由于抖动很可能无法使用。如果在有风的天气必须要航拍，要么调成手动模式，让无人机顺风飞行拍摄，让风来引导、推动飞行，切不可逆风飞行拍摄。雷雨、大风天气尽量避免使用无人机。在寒冷天气飞行时，无人机需要开机预热，同时，在3000米以上的高海拔地区或寒冷天气条件下飞行，电池耗电量猛增，容易导致无人机动力系统性能下降，飞行性能和飞行距离都会受到影响。

3. 注意视野，尽量让无人机保持在视线范围之内

无人机遥控信号容易受到高层建筑影响和电信、移动发射塔、高压线电磁波的干扰。大量使用钢筋的建筑物也会影响无人机指南针的工作，而且会遮挡GPS信号，导致无人机定位效果变差甚至无法定位。因此，航拍时要尽量让无人机保持在视线范围之内。要选择开阔、周围无高大建筑物的场所，要远离通信发射塔和高压线，以免受干扰导致设备受损，也不要在机场附近飞行，这不仅会给无人机带来严重的安全威胁，也会给操作者带来法律上的麻烦。

[①] 潘文忠. 无人机航拍在电视新闻报道中应用初探[J]. 视听纵横, 2017（2）; 61-63.

4. 注意高度，飞行高度不要超过 500 米

从航拍画面效果来看，500 米以上的高度已经没有实用性意义。为了安全考虑，无人机航拍飞行高度一般控制在 200 米以下。

5. 注意稳定，保证航拍画面的可用性

要多拍稳定的长镜头，镜头越长越好，越稳越好。优质的航拍画面是通过缓慢而流畅的连续飞行获得的，比如找一个前景，慢慢向上飞越，直到背后的惊人景色完全展现在画面之中。

无人机航拍不仅改变了新闻摄影和摄像方法，使新闻画面有了立体感，进一步增强了电视报道的可看性、说服力和公信力，而且也改变了人们认知世界的方式。就像飞行梦想实现之后人类不再被束缚在大地上一样，随着无人机航拍技术的不断发展，新闻摄影和摄像拥有了俯瞰尘世的智慧天眼，能让观众从独特的视角更加全面地了解新闻事件。未来绝不会止步于遐想，充满无限可能的明天必将来临，航拍在新闻报道中必将发挥更大的作用。

Chapter 2
第二章

无人机新闻报道现状与趋势

第一节　航拍新闻的历史

一、航拍的历史

航拍又称空中摄影或航空摄影，是指从空中拍摄地球地貌，获得俯视图的活动。航拍的摄像机可以由摄影师控制，也可以自动拍摄或远程控制。[①] 以往，航拍所用的平台包括飞机、直升机、热气球、小型飞船、火箭、风筝、降落伞等。航拍图能够清晰地展现地理形态，给人以统揽全局的俯视视角。因此，航拍除了作为摄影艺术的重要一环外，也广泛应用于军事侦察、交通建设、水利工程、生态研究和城市规划等方面。

自从人类拥有了摄影器材和载人飞行器，航拍就进入了人们创新尝试的范畴。法国著名摄影艺术家纳达尔（Nadar）被称为世界上第一位名人摄影师，也是热气球摄影的先驱。早在 19 世纪 50 年代，他驾驶一个热气球，携带一台使用火棉胶摄影工艺的照相器材，在空中完成了人类摄影史上第一幅航空拍摄的照片。[②] 他是第一位实现航拍的摄影师，也是首个搭乘热气球从空中拍摄巴黎的摄影师，而他制作的气球还成了儒勒·凡尔纳（Jules Verne）的小说《气球上的五星期》的题材。当时在气球上他用摄影机拍摄的照片虽然只有欣赏价值，但却开创了从空中观察地球的历史，开创了航拍的历史。自此之后，人类一次次飞上天空拍摄照片，并且创造性地将这种

---

① 周会峰. 无人机航拍之"上帝视角" [J]. 视听界，2014（6）：121-122.
② 吕俊平，陈海强. 无人机航拍：新闻摄影领域崛起的新势力 [J]. 军事记者，2016（5）：53-55.

壮举发展成为崭新的摄影门类——航拍。

航拍可用的设备有飞机、直升飞机、热气球、小型飞船、风筝、降落伞、航空模型，多轴无人机等。为了让航拍的画面更加稳定，高成本的航拍会利用三轴陀螺仪等精密仪器，以提高画面的可看性和稳定性。航拍得到的视频或图片能够清晰地表现地理形态。[1] 航拍最早运用于军事侦察、水利工程、生态研究、交通建设和城市规划等方面，随着近 20 年来航拍技术的不断成熟与普及，航拍开始慢慢被影视节目制作所采用，并逐渐走进电视新闻报道、纪录片拍摄等新闻媒体的日常工作领域。

其实，一些欧美国家的新闻机构在 20 世纪 70 年代就能够出手阔绰地调用直升机辅助新闻报道，更不用说 NBC、ABC 和 CBS 这样覆盖全美的三大电视网，甚至是《纽约时报》这样的主要平面媒体，在遇到重大突发事件时，往往都会动用直升机直抵现场，直播加航拍已经成为欧美媒体机构再正常不过的"规定动作"。[2]

但对于中国的新闻媒体而言，由于成本高昂、技术复杂，以及直升机的普及率等问题，在相当长的时间里，航拍始终是一种"非常规"的拍摄手段，往往只会出现在重大的新闻报道活动中，也需要媒体机构和当地主管部门预先做好复杂的沟通和协调工作。

二、航拍新闻的发展

（一）从无到有：逐渐起步的航拍新闻

电视航空拍摄是利用滑翔机、高空气球、直升飞机、宇宙飞船等飞行工具在高空进行的摄影。航拍镜头不仅为广大观众展现了广阔的视觉空间，开阔了视野，提升了整体把握事物的能力，而且从宏观上满足了观众观察和了解事物的要求，给人一种新的形式美感和全新的视觉享受。[3]

我国航拍的历史可追溯到 20 世纪 50 年代，彼时刚起步的中国航拍事业只能依靠租用民航或军方的大型飞机来完成。因此，航拍不但手续流程复杂、费用不菲，且大多数非专业媒体航拍飞行员也很难做到低空拍摄，对于新闻媒体而言，如非重大宣传报道任务，断然是不会采用航拍来进行的。

1998 年，上海东方电视台装备了"东视国飞号"贝尔 212 直升机，以应对突发事件的采访报道和空中航摄的需要。上海东方电视台也成为全国第一家拥有直升机进行采访报道的新闻单位。当时，拥有"新闻飞机"被认为大大提高了影视拍摄效率和

① 吕俊平，陈海强. 无人机航拍：新闻摄影领域崛起的新势力[J]. 军事记者，2016（5），53–55.
② 刘育聪，田璐. 无人机航拍：新闻报道的"新视角"[J]. 新闻与写作，2017（4）：75–77.
③ 曹钢. 航拍在电视新闻中的运用[J]. 新闻三昧，1995（9）：26–27.

质量，也满足了受众不断提高的内容需求，促进了整个新闻业采访报道水平的发展，更成为中国新闻业装备现代化的象征与缩影。[①]

2002年8月，中央电视台购买了直-11型（中国编号：Z-11，英文：CHAIG Z-11）中继航拍直升机（见图2-1），宣告了我国电视台租用直升飞机进行航拍时代的结束，从此我国电视媒体进入了自主拥有航拍直升飞机的新阶段。随后，我国各省级媒体也开始采用航拍报道体育赛事以及制作电视专题片、纪录片等节目。[②]

图2-1　直-11型中继航拍直升机

航拍对于日常电视新闻报道来说，是非常好的一种拍摄手段。首先，高空俯瞰的视角可以让记者更为全面地了解新闻现场的面貌，也能给观众带来异乎寻常的视觉体验，提升新闻节目的画面质量。其次，这种独特的视角可以让记者掌握普通拍摄工具无法或很难拍摄到的内容，减少麻烦。再次，从技术角度来说，航拍可以实现大型摇臂、地面滑轨、飞猫索道摄像系统等多种大型设备的功能，甚至其体现的效果比这些设备更强大。[③]

所以，航拍在当前电视新闻制作中运用范围颇为广泛，其中应用领域主要有以下六个方面：①反映经济建设的宏大成就，展现报道内容的规模、场面和气势；②介绍新闻事件发生的特定地理位置、所处的自然环境；③报道抢险救灾的全景场面，诸如发生洪灾、地震、森林大火、火山爆发、油库爆炸、货轮沉没等突发性、灾害性事件；④反映军事领域宏大壮观的演习场面，以及激烈的空中战争情景；⑤展示体育竞技或体育表演的盛况，从宏观角度满足观众审美的需要；⑥鸟瞰城市建设新貌，展示市政工程建设的丰硕成果。[④]

① 杨东鲁. 为新闻飞机叫好 [J]. 新闻采编，1998（6）：47.
② 张勇. 中国媒介语境下的电视航拍报道 [J]. 大众文艺，2010（7）：150.
③ 周会峰. 无人机航拍之"上帝视角" [J]. 视听界，2014（6）：121-122.
④ 曹钢. 航拍在电视新闻中的运用 [J]. 新闻三味，1995（9）：26-27.

近年来，随着电视节目制作题材的日益广泛以及对精良程度要求的提高，航拍手法越来越多地被运用。中央电视台、省级电视台及部分市级电视台的航拍内容也逐渐由电视专题片扩展到了大型电视新闻直播活动、综艺互动节目以及新闻报道中。① 尤其是室外综艺节目，因为无人机航拍能全面地展示活动环境，像《爸爸去哪儿》《奔跑吧，兄弟》《极限挑战》等节目均使用了无人机。

（二）从直升机到无人机：技术不断革新的航拍新闻

虽然中国电视媒体在一些重大场合和新闻活动中都曾使用航空拍摄现场画面，例如，香港回归、澳门回归、国庆阅兵式等。但从总体上看，受制于资金、技术及人员等因素，中国电视媒体航拍报道发展缓慢。

尤其是对于地方电视台来说，航拍仍是一个"高大上"的技术手段。固定翼飞机、直升飞机、热气球、三角翼，这些飞行器材价格昂贵、体型庞大、操作技术要求高、报批手续烦琐、危险性大，还要在飞行器上安装用来佩挂摄像机的云台，配备经验丰富的摄像师，这一套流程下来没有数万、数十万元的花费下不来。从找设备、报批、飞行，再到新闻制作，没有一两天的时间根本无法完成，而且画面的稳定性和流畅程度难以保证，这些对于高速运转、以快取胜、经费紧张的新闻机构来说是难以承受的。因此，要想在日常电视新闻报道中使用航拍技术，价格适中、方便携带、易于操作、画面平稳、危险性小等要素必须予以考虑。②

随着无人机技术的成熟，满足这些条件的小型无人机在新闻领域得到了广泛的应用。而航拍被越来越多地应用到新闻报道中。从第59届世界新闻摄影比赛（荷赛）获奖作品——陈杰航拍的《天津爆炸》（见图2-2），到南方持续暴雨导致大范围洪灾中广泛应用到的航拍画面，包括中央电视台、《新京报》、中国新闻社、新华社等在内的很多媒体都将航拍纳入新闻呈现手段中。在新闻的读图时代，无人机航拍提供的新视角，已经成为新闻产品竞争中具有突破性的领域之一。③

第二节 无人机新闻报道的优势与问题

消费级无人机市场随着大疆等公司的推广而迅速发展，而最广阔的应用功能就是航拍。无人机配备有GPS定位仪、惯性导航仪、气压计、指南针和飞行控制芯片等。在这些智能设备的辅助下，无人机可以轻松实现悬停、自稳，还可以在失控时自动返

①　义庆峰. 航拍在地市级电视台新闻宣传报道实践中的应用——以贺州电视台为例 [J]. 视听，2016（4）：77-78.
②　周会峰. 无人机航拍之"上帝视角" [J]. 视听界，2014（6）：121-122.
③　江远. 无人机航拍新闻进入"科班时代" [J]. 中国摄影报，2016-07-26（001）.

图 2-2　陈杰获奖作品《天津爆炸》[1]

航，再加上先进的图像传输系统，地面操控人员可以实时观看挂载的摄像设备拍摄到的画面，并远程操控摄像机，这种飞行器已经完全可以为新闻媒体所使用。[2]

一、无人机新闻报道的创新突破

（一）降低拍摄成本

新闻报道中的航拍镜头，因为其独特的视角和较强的全局呈现能力而被广泛地使用。但在传统的航拍中，需要使用直升飞机搭载记者进行拍摄，这就需要采购或租用直升机、聘用专门的飞行员。国内直升机的租赁价格昂贵，所以一般只有大型媒体才能负担得起较高的航拍成本，而且《中华人民共和国航空法》规定，民用航空器进行飞行活动，需要取得空中交通管制单位的许可。这样一来，新闻也许就会因此而失去时效性。

现在利用无人机拍摄则可以大大降低拍摄成本，因为民用无人机大多是小型多旋翼飞行器，采购价格便宜，如大疆公司生产的普通无人机，其售价就在几千元左右。而且无人机设备可以拆卸打包，运输空间和运输成本低廉，有的甚至可以装在背包里随身携带，拍摄时可以与地面显示器甚至手机连接，肉眼可以看到无人机携带的摄像工具的拍摄视野，易于设计新闻采集路线。再加上无人机操作简单，无须

---

① 新京报记者天津爆炸航拍照获"荷赛"奖[N]. 新京报，2016-02-19（A15）.
② 宋新华. 新闻行业无人机应用探析[J]. 新媒体研究，2016（5）：21-25.

专门的飞行人员，只需对新闻记者加以培训，他就可以成为无人机"飞手"[①]。与传统直升机航拍的费用相比，无人机航拍的拍摄成本大大降低，而且机动灵活。

（二）保障记者生命安全

首先，在传统的直升机航拍模式中，经常要求摄影记者打开舱门将摄像机伸出直升机外进行拍摄，这种拍摄方式在高空本身就存在一定的不安全因素，而且对摄影记者的拍摄水平要求非常高。而无人机拍摄只需要一个飞手来控制飞行路线，一个云台手来控制机上摄像机就可以完成拍摄任务。

其次，在一些高危环境中，例如，火灾、爆炸、地震等突发事件现场，让记者直接进行采访报道，会对其生命安全造成较大的威胁。而使用无人机进行报道，既能够及时地获取第一手新闻素材，又能够保障记者的生命安全，例如，在2015年"8·12"天津滨海新区危险品仓库爆炸事件报道中，无人机就发挥了它无可替代的作用。当时现场有很多有毒有害物质，浓烟滚滚，气味刺鼻，记者根本无法进行近距离拍摄，但是无人机可以接近爆炸中心点，并拍摄了大量的现场鸟瞰图，不仅还原了事故现场，也为当时的救援工作提供了重要参考，还保证了记者的人身安全。无人机在此次事件中的出色表现，充分展示了无人机在重大灾难性事故中的作用。

（三）增强报道的时效性

新闻报道最主要的目的是以更快、更直观的方式为观众提供新闻事件的全貌和真相。无人机航拍解决了地理环境、交通状况的制约，使记者有了更多的选择。尤其是在突发事件报道中，无人机更是发挥着非常重要的作用。尽管突发事件发生时，记者都会第一时间赶往现场，但突发事件现场往往存在许多不确定性和危险性，有时因外力受阻，记者无法到达第一现场，而运用无人机航拍，许多限制问题就可以迎刃而解。在自然灾害、突发事件面前，无人机航拍不仅为现场采访记者的人身安全提供了保障，更增强了新闻报道的时效性。

（四）全新的感官体验

面对一个新闻现场，一方面，专业的记者总是在不断思考如何找到与众不同的拍摄角度，这样才能让自己的报道在众多媒体同行中脱颖而出；另一方面，受众对独家视频报道的需求越来越大，而使用无人机能拍摄到多角度的清晰画面，其画面具有极强的宏观展现能力、更灵活的运动方向，既宏观又能获取事件场景中的细节，拍摄出新闻需要的最富有冲击力和表现力的画面。

---

① "飞手"是对无人机操作者的简称。

在日常的新闻报道中，采用常规的拍摄视角一般很难展现新闻现场的全景，即使利用周边的高楼、山坡或者使用大摇臂等工具架设高机位，在全景画面的取得上还是有一定的局限性。表现如下：一是会受到周围环境的影响，在新闻现场不一定具备架设机位的条件；二是架设的机位高度有限，导致获取的画面也有限；三是机位一旦固定，便不能灵活移动，拍摄角度也随之受限，并不一定能获取到理想的新闻素材。

无人机则能为新闻拍摄提供适当的拍摄高度和灵活的拍摄视角，并且记者能便捷地根据现场环境对无人机拍摄进行调整。航拍无人机高度可从几米升至四五百米，起飞时间短、拍摄机位自由，还可以结合现场情况适时调整，既可以在高空进行全景拍摄，也可以在低空穿行，非常适合拍摄大场面和过程性的新闻事件，而且无人机拍摄的新闻素材又能较为直观地展示新闻现场的风貌，更具表现力和冲击力，给受众震撼的视觉体验，所以无人机非常适合拍摄重大新闻事件。

（五）增强新闻报道的公信力

新闻媒体在反映新闻事实时，必须及时、准确、全面、真实。在传统新闻报道中，一般通过记者询问当事人、旁观者以及与此次事件有关的人士来了解和还原事件的真实情况。这种新闻采访的形式，难免会导致在呈现新闻报道时有主观性和片面性，而且常规的报道手段不能够充分展示新闻现场的原貌。

无人机新闻报道可以对整个现场进行全方位的拍摄，客观公正地记录新闻事件，有利于清晰地还原事件真相，使新闻的被加工性降至最低，提升新闻报道的真实性和公信力。尤其是在公共事件和舆论监督类报道当中，无人机航拍技术的运用增强了新闻报道的说服力。

二、无人机新闻发展面临的问题

（一）安全问题

2015年以来，中国的民用无人机市场迅速发展。虽然中国的民用无人机产业发展迅速，无人机技术也不断走向成熟，但是在无人机使用中仍然存在不少安全隐患。

首先是威胁地面人群安全。造成这一问题的主要原因是无人机续航时间短，容易受到干扰而失控。目前民用无人机的续航时间一般为 15 ～ 30 分钟，飞行时间较短，而且容易受到电磁波和恶劣天气的干扰，对飞行环境有一定的要求。此外，无人机电池的续航时间依据不同自然条件而改变，高原、极寒、极热条件下飞行时间会急剧缩短，控制人员应当依据不同条件调整飞行时间和高度，否则可能会发生无人机坠落的情况。无人机一旦失控就会造成坠落伤人事故，对地面人群的生命和财产安全造成威胁。2016 年 6 月 10 日，一名女性在台湾日月潭景区内被失控坠落的拍摄湖景的无人机砸中，当场昏迷。2017 年 5 月 18 日，杭州西湖边一架无人机突然失控撞向人行道旁的树干，反弹回来后旋翼割伤了一名北京游客的左眼球，造成其角膜、巩膜破裂。

其次是威胁空域中其他航空器的安全。这主要是因为无人机的飞行高度与起降中的民航或其他航空器有一定程度的重叠。加之目前中国尚未对低空域的监管形成完善的法律法规，所以"黑飞"① 屡禁不止。2015 年 11 月，一段名为"精灵 3 在 500 米高空偶遇战斗机"的视频在网上热传，视频中，一架多旋翼无人机在数百米高空中悬停拍摄，差点与一架疑似正在着陆的喷气式战斗机相撞。2017 年 5 月 12 日晚间，重庆机场两次受到无人机干扰，共造成 40 余个航班备降，60 余个航班取消，140 余个航班延误，上万名旅客出行受影响。

最后是有可能威胁国家军事基地、保密区域的安全。无人机身形较小，不易被发现，如果被不法分子利用，很有可能对国家安全带来风险。2015 年 1 月 26 日凌晨，一架小型无人机失控坠入白宫，虽然事后被证实该无人机是一位白宫工作人员操纵来进行娱乐的，但是无人机多次闯入白宫还是引发了相关部门对于无人机使用的担心。

（二）隐私问题

无人机强大的监视技术威胁到个人隐私。通过无人机可收集个人信息，包括物理位置、生物信息等。② 加上无人机灵活的机动性，使其可以抵达很多普通采访无法涉及的角度和区域，侵入公众空间和窥探公众隐私成为无人机使用中的又一问题。

而这一问题的解决，就需要规范无人机使用的范围。但因为无人机航拍的视角，有时候其实很难将公共领域和公民的私人领域进行准确地划分。

（三）政策风险

无人机新闻作为一个相对比较新兴的事物，国家对它的管理并没有十分严密的政策制度。虽然中国民用航空局早在 2009 年就开始研究制定民用无人机的管理规范，先后制定了《民用无人机驾驶员管理规定》《轻小型无人机运行规定（试行）》《民用无人机驾驶航空器系统空中交通管理办法》等，又在 2017 年 5 月 16 日发布了《民

---

① 所谓的无人机"黑飞"，指的是无人机驾驶人员在没有取得无人机驾驶执照的情况下进行飞行；或无人机没有取得适航证，没有获得市场准入资格，形象地讲，相当于汽车没有行驶本；或是飞行前没有进行飞行计划申报，飞行空域没有得到有关职能部门的批准。

② 刘炜，冯丙文，翁健. 小型无人机安全研究综述 [J]. 网络与信息安全学报，2016（3）：39–45.

用无人驾驶航空器实名制登记管理规定》，规定民用无人机的拥有者自6月1日起须进行实名登记。但在诸多民用领域，国内无人机都面临着"适航认证没有统一标准""空域管理难以实施"等限制，根源在于无人机飞行安全监管的困难。随着民用无人机应用的火爆，虽然国家加强了对无人机的管控力度，但我国低空开放政策和安全配套设施仍亟待完善。① 值得一提的是，2023年5月31日，国务院、中央军委发布了《无人驾驶航空器飞行管理暂行条例》，自2024年1月1日起施行。该条例的发布，对于规范无人驾驶航空器飞行以及有关活动，促进无人驾驶航空器产业健康有序发展，维护航空安全、公共安全、国家安全具有重要意义。

在新闻媒体行业内也尚未形成通用的、成熟的业内规范，所以在新闻采访中使用无人机还尚有一定的政策法律风险。

第三节　无人机新闻报道的趋势

一、无人机新闻报道专业化、制度化

现代化的大众传播业离不开现代化装备。② 无人机航拍为新闻报道带来了一种新鲜的审美感受。但是"航拍"首先是"航"，然后才是"拍"。在"航"的方面，无人机的操作看似简单有趣，但既想要保证无人机设备的平稳飞行和安全返航，又想要拍摄到有价值的新闻内容，就需要对记者进行严格的飞行训练，这样才能有效地保证航拍的安全，不仅是无人机的安全，更关键的是新闻现场的安全和现场人员的安全。而在"拍"的方面，无人机新闻航拍就更需要记者发挥专业性，去展示新闻事件的全貌和新闻现场关键部位的最清晰画面，所以未来无人机新闻的发展势必将朝着专业化、制度化的方向发展。

（一）人才培养

在无人机新闻采编所涉及的两个重要方面"航"和"拍"中，新闻媒体在新闻拍摄方面有着得天独厚的优势，但要进一步加强执行无人机航拍任务的记者的无人机操作技能，让其真正科学地掌握无人机航拍技术，在操作中把可能遇到的意外和风险降到最低，就需要新闻媒体行业开展员工培训，建设专业化的无人机航拍队伍。

2016年7月，新华社举办了历史上第一次专职记者无人机航拍取证培训班，30多名专职摄影记者参加培训，取得无人机"机长"合格证，为新华社未来无人机报道

① 向英婷. 新华网无人机编队发展SWOT分析[J]. 新闻前哨，2015（11）：77-78.
② 杨东鲁. 为新闻飞机叫好[J]. 新闻采编，1998（6）：47.

"按规飞行、持证飞行、安全飞行"奠定了良好的基础。航拍 G20 杭州峰会主场馆的 7 名记者,均来自此次培训的"机长"队伍。[①]

虽然类似的培训已经在媒体行业中开展,但是目前新闻主管部门和新闻业界对于开展无人机新闻报道的从业人员应取得何种资质仍没有准确的规定。"取得证书"只是手段,培训的主要意义还是使无人机在新闻采编中既能安全行驶,又能保证航空拍摄镜头的合理运用,真正发挥出其所拍摄的画面带来的视觉冲击力。

我国目前尚无专门开设无人机新闻课程的高校,在无人机新闻快速发展的今天,国内高校无疑要认真考虑一下培养新型的新闻人才的问题。新型的新闻人才不仅要通晓新闻方面的知识,而且还需要了解飞行器材,了解航空学、气象学的相关知识,甚至还要掌握飞行器材维护和修理技能。但需要明确的是,航拍只是一种报道手段,不是唯一目的。[②]虽然捕获新闻现场需要航拍技术,而从哪些角度解读新闻,则是记者们该思考的问题。

(二)制度建设

第一,形成无人机设备管理申报制度。无人机在新闻媒体中作为一种重要的采访工具,应该和摄像机、照相机等工具一样,有专门的人员进行管理和维护。

第二,建立无人机飞行申报制度。因为无人机的拍摄画面能够带来震撼的视觉体验,所以未来无人机将会越来越深入地运用到新闻报道领域,尤其是在重大题材报道中。虽然当前无人机使用按照国家航空管理规定无须经民航部门批准,但是为了保证公共安全,新闻媒体应该在行业内自觉形成无人机使用"申报飞行"制度。在进行无人机新闻报道之前,先做好飞行计划,明确无人机的使用时间、用途和使用范围,保证新闻单位的无人机使用合理、合规、合法。新闻单位的内部审核部门则应该重点考察申报空域是否涉及国家保密规定、是否违反空域管制等问题。在 G20 杭州峰会的航拍申报过程中,新华社"天空之眼"无人机队就提供了一整套具体到经纬度和起飞时间点的无人机飞行计划,这不仅体现出无人机新闻报道的专业性,对于规范新闻媒体的无人机使用颇具借鉴意义。

第三,建立无人机新闻双人操作制度。因为在无人机采编过程中,在只有一人操控的情况下,操控者既要操作无人机飞行,又要调整拍摄镜头。那么操控者只能从操控终端显示器上通过无人机携带的拍摄镜头传输信号看到拍摄画面,无法协调飞行安全与拍摄之间的关系,特别是在市区空域有林立的建筑物、大量的线缆等区

---

① 王建华. 天空之眼,摄影升维——新华社"天空之眼"无人机队新闻摄影实践与思考 [J]. 中国记者,2017(1):14-16.
② 韩丹. 遥控航拍:换个角度拍新闻——从昆山中荣工厂爆炸看新媒体环境下航拍技术的应用与思考 [J]. 中国记者,2014(10):67-68.

域，航拍风险会进一步增加。因此，在无人机拍摄过程中应该增加地面观察人员，在航拍飞行过程中观察飞行区域状况，及时指挥操控人员避让障碍。①

（三）加强业内交流，起到带头作用

无人机技术进入新闻摄影，是必然，也是挑战。新闻媒体作为一个重要的对内宣传和对外交流的窗口，其示范和传播的作用不言而喻。在无人机安全规范使用方面，新闻媒体行业也应该成为表率。无人机新闻报道作为一个新兴领域，虽然各家媒体纷纷建立起了无人机拍摄团队，但是还没有建立起明确的行业规范。

一度，无人机总是和"黑飞"联系在一起，不少城市发布"限飞令"。对于无人机，"一禁了之"略显简单粗暴，也不利于无人机产业发展和在新闻报道中的应用。好的管理需要"关上一扇门，还要打开一扇窗"。

新闻媒体作为无人机使用的"当事人"，在推进无人机规范管理中起着不可替代的作用。新闻媒体可以通过加强行业内部交流，规范新闻报道中的无人机使用，从而共同制定无人机在新闻行业的使用标准。不仅要为加快推进无人机产业合理有序发展发声，还要在行业内首先自主规范无人机的使用。既要向内"定规"，又要向外"开路"，既要让无人机飞得起来，又要飞得有规矩。②

二、无人机新闻未来发展的阻碍

（一）无人机技术需要逐步成熟

无人机作为一个新兴产业，虽然发展势头迅猛，应用前景广阔，但是技术问题是任何智能设备都不可避免的问题，无人机技术还有待进一步完善。

目前，对无人机的常见攻击包括无线信号劫持与干扰、GPS欺骗以及针对传感器网络的攻击等方面。

1. 无线信号劫持与干扰

由于无线信号是无人机和控制者之间的主要通信方式，对无线信号的攻击可以直接影响无人机的正常运作，乃至获得无人机的控制权。利用一些不安全的设置，黑客可以成功入侵无人机并取得完全权限，不仅可以控制无人机的飞行功能，而且还可以任意浏览、拷贝、篡改无人机上存储的数据。在2015年GeekPwn的开场表演项目中，一架正在空中飞行的大疆精灵三代无人机在几分钟内被"黑客"利用一系列漏洞成功劫持。"黑客"利用通信所用跳频序列太短并且在出厂时已经固化等弱点，

---

① 崔晓. 无人机在新闻采访中的应用原则及规范 [J]. 青年记者，2015（27）：45-46.
② 王建华. 天空之眼，摄影升维——新华社"天空之眼"无人机队新闻摄影实践与思考 [J]. 中国记者，2017（1）：14-16.

夺取了无人机的控制权。①

2. GPS 欺骗

通过伪造 GPS 信号，使无人机的导航系统得出错误的位置、高度、速度等信息，进而操纵无人机。

3. 针对传感器网络的攻击

无人机通常作为一个节点和其他无人机或传感器一起构成无线传感器网络。因此无线传感器网络中节点暴露、脆弱、无人监管等弱点也可被用于攻击无人机。在数据层面上，无人机传输的数据如果缺乏有效的安全措施，攻击者就能够通过捕获传感器传输的数据，对数据进行分析或解密，来获得无人机收集的大量信息。在网络层面，对传感器网络的攻击手段，都可以应用于破坏无人机与其他设备或无人机群之间的通信。②

（二）新技术初期产生的矛盾

美国《航空与太空技术周刊》刊登的分析报告称，自 2014 年算起，未来 10 年，世界无人机市场规模将达到 673 亿美元。③ 无人机产业爆炸式的发展，民用无人机市场的迅速扩大，一方面为各领域的活动带来了新技术的便利，另一方面又带来了与传统航天器之间的使用矛盾。

无人机的最高飞行高度可以达到 1000 米，民航客机一般巡航在 10000 米左右的高空，但是民航客机起飞和降落阶段处于对流层，在低空域势必会和无人机的飞行范围有一段重叠。

按照 2023 年 5 月 31 日，国务院、中央军委公布的《无人驾驶航空器飞行管理暂行条例》，其中明确规定划设无人驾驶航空器飞行空域应当遵循统筹配置、安全高效原则，以隔离飞行为主，兼顾融合飞行需求，充分考虑飞行安全和公众利益。划设无人驾驶航空器飞行空域应当明确水平、垂直范围和使用时间。空中交通管理机构应当为无人驾驶航空器执行军事、警察、海关、应急管理飞行任务优先划设空域。

并且，《无人驾驶航空器飞行管理暂行条例》明确，真高 120 米以上空域，空中禁区、空中限制区以及周边空域，军用航空超低空飞行空域，以及具体划定的八个区域上方的空域应当划设为管制空域。

---

① 无人机管控，从技术层面上无人机还面临更大的考验 [EB/OL].（2021-12-03）[2023-11-06]. http://news.sohu.com/a/505369443_121263423.
② 刘炜，冯丙文，翁健. 小型无人机安全研究综述 [J]. 网络与信息安全学报，2016（3）：39-45.
③ 2016 值得跳槽入行的无人机业，到底在什么"风口"飞？ [EB/OL].（2015-11-22）[2023-11-06]. http://it.people.com.cn/n/2015/1122/c223607-27842257.html.

-------------------------------- Chapter 3 --------------------------------
第三章

无人机新闻报道类型

无人机应用到新闻领域的优势显而易见。目前,无人机辅助新闻报道已经被广泛地应用于各个类型的新闻报道当中,突发性新闻报道、社会新闻报道、财经新闻报道、调查性深度报道等各类型新闻报道中均可以瞥见无人机的身影。无人机航拍可以冲破传统新闻采集在空间上的限制,尤其是在一些难以突围的地形以及环境艰险的情况下,无人机出色的表现为观众、读者带来了优秀的现场画面感。航拍图片和视频俨然成为新闻拍摄领域的一个重要分支,原本只在大型纪录片和影视作品中才使用的航拍镜头,越来越多地出现在新闻节目里,以俯瞰的"上帝视角"向观众介绍新闻现场,极具冲击力和震撼力。

第一节　灾难新闻报道

灾难报道是检验一家媒体报道能力的重要指标。在英国爱丁堡大学的一项针对新闻学专业学生的调查中,87.5%的受访者表示无人机首先可以应用于灾难报道,紧随其后的是战争、冲突,调查性报道以及环境问题报道。的确,各种灾难事件中处处都有无人机的身影,例如,2013年菲律宾"海燕"台风,2014年台湾澎湖空难,2015年天津滨海新区危险品仓库爆炸事故、"东方之星"沉船事故,2016年意大利阿马特里切镇地震等新闻报道中,国内外众多媒体都使用了无人机辅助新闻报道。

无人机在突发性灾难事件中有着天然的优势。首先,重大突发性灾难事件发生速度快、影响大、新闻价值高,但是由于其突发性,留给记者的时间非常有限,即使记者在第一时间赶赴现场，也无法独立完成对事发现场的全面了解；其次，灾难事件的报道现场往往伴随着火灾、爆炸、生化泄漏等恶劣情况，记者即便抵达现场也很难不顾生命安危进行抵近报道。当应对这类突发的极端环境时，无人机就能很好地发挥辅助新闻报道的作用。新闻记者无法接近危险和被封锁的新闻现场，无人机却能轻松地从空中穿越障碍拍摄到独家的新闻影像。无人机配备摄影摄像设备，能够快速抵达现场捕捉细节，且价格低廉，获取更全面的事件信息，在最短的时间内，更安全地报道突发新闻、灾难或战区情况。[①] 无人机航拍，在将三维立体世界转换成平面二维空间的过程中，直观、真实地再现灾难现场，承载的信息量庞大，极大地满足了受众对灾难事件强烈的信息获取欲望。这也是无人机航拍被冠以"上帝视角"美誉的原因。[②]

一、灾难新闻报道案例

◎案例一：2015 年 "8·12" 天津滨海新区危险品仓库爆炸事故

2015 年 8 月 12 日 23：30 左右，位于天津市滨海新区天津港的瑞海公司危险品仓库发生火灾爆炸事故。8 月 14 日，新华网新闻无人机队深入天津滨海新区爆炸核心区域，直击天津港 "8·12" 重大火灾爆炸事故现场。在事件报道中，两位 "飞手" 在爆炸事故核心现场拍摄了百余张新闻图片和时长近 1 小时的视频素材，经过编辑筛选，共发布 16 张图片和时长约 3 分钟的视频（见图 3-1、图 3-2）。[③]

图 3-1　天津滨海新区危险品仓库爆炸事故现场（1）[④]

①　史杰蔚. 无人机新闻——新闻采编新趋势 [J]. 新闻研究导刊，2016（7）：66-68.
②　郑俊彬. 探析无人机在灾难新闻报道中的特点及创新应用——以南方都市报为例 [J]. 新闻研究导论，2016（3）：28-29.
③　胡鑫，张峭春，陈扬. 新华网飞手航拍天津港 "8·12" 特大火灾爆炸事故纪实 [J]. 中国记者，2015（9）：30.
④　无人机队航拍滨海爆炸事故核心区现场 [EB/OL]. （2015-08-15）[2023-11-06]. https://www.chinanews.com/tp/hd2011/2015/08-15/553243.shtml.

图 3-2 天津滨海新区危险品仓库爆炸事故现场（2）①

2016 年第 59 届世界新闻摄影（荷赛）奖的获得者，《新京报》首席摄影记者陈杰，就是凭借"8·12"天津滨海新区危险品仓库爆炸事件的航拍图从 8 万多张作品中脱颖而出的。不同于很多现场的一手照片，这张照片没有从传统的视角去拍，而是通过被大家忽略掉或看不到的角度带给人更强的震撼力。此后，陈杰在接受采访时介绍，此次航拍设备的高度在 20～150 米，拍了 6～7 张照片。150 米对于无人机上千米的升限而言并不算太高，但是对于新闻报道而言已经是相当于站在 50 层高的摩天大楼楼顶俯瞰新闻现场。画面中高烈度爆炸所造成的幽深黑洞以及史无前例地呈现出的爆炸的强大破坏力，又像一个无底深渊引人深思。

◎案例二："东方之星"陨落长江

2015 年 6 月 1 日晚，从南京驶往重庆的"东方之星"号旅游客船，在湖北省监利县长江大马洲水域翻沉。事件发生后，一场举国动员的搜救行动在水面、水下、陆地和空中迅速展开。② 无人机辅助新闻报道就起到了关键性的作用。无人机不但可以穿越江面直抵救援中心位置，还可以采用滞空、盘旋等飞行方式拍摄许多关键节点的照片，成为此次沉船事件报道中主要的图片、视频来源，令人耳目一新。③ "东方之星"沉船事件发生后，《长江日报》《湖北日报》等许多地方媒体都派出了携带无人机摄影摄像器材的采访队伍。6 月 2 日，先后有央视、湖北广播电视台、云图航拍、武汉广播电视台、《南方都市报》、腾讯、易瓦特、探针、武汉云豹等多支无人机航拍报道团队抵达现场。云图航拍的图片（见图 3-3）被新浪、搜狐、网易、新华网、人民网，腾讯、凤凰等网站和新闻客户端转载，为全国受众提供了事故现场的第一手宏观视野报道。荆楚网也通过无人机航拍拍摄了大量照片、视频对事件现场进行全景式反映，既抢占了现场航拍的第一落点，又抓住了沉船扶正的决定性瞬间，成为中央媒体之外最主要的信息来源。

---

① 无人机队航拍滨海爆炸事故核心区现场[EB/OL].（2015-08-15）[2023-11-06]. https://www.chinanews.com/tp/hd2011/2015/08-15/553245.shtml.
② 陈勇. "东方之星"陨落长江 [J]. 新闻前哨, 2015（7）: 97.
③ 左庆. 无人机新闻摄影的优势与注意事项 [J]. 青年记者, 2015（9）: 39.

图 3-3　"东方之星"号沉船被扶正出水 [1]

◎**案例三：阿马特里切镇地震**

　　无人机也被广泛地应用于如地震、台风、洪涝、滑坡等极端天气导致的灾难性新闻现场。2016年8月24日，意大利中部阿马特里切镇发生里氏6.2级地震，震中城镇一片废墟，造成至少247人死亡。据BBC的报道，尚有大量民众被埋在瓦砾下，因此死亡数字很可能继续上升。阿马特里切镇镇长说，地震造成"四分之三个镇子消失"。对于灾情的文字描述远没有视频和图片来得有力，很快全球受众看到了通过无人机航拍得到的视频和画面。到处可见的倒塌的建筑和遍地的废墟瓦砾，高空航拍中"一片狼藉"的灾区景象与地面报道中救援人员的紧张抢险画面，相互补充形成了全方位、立体化的灾区报道形式（见图3-4、图3-5）。在意大利媒体看来，无人机辅助新闻报道的意义不仅在于满足公众的知情权，更能够通过无人机画面了解建筑物的毁坏情况，合理规划救援次序，提高救援效率。

图 3-4　受灾严重的阿马特里切镇（1）[2]

①　"东方之星"号客轮翻沉事件调查报告公布[EB/OL].（2015-12-30）[2023-11-06]. http://news.cnhubei.com/xw/gn/201512/t3499827.shtml?t=1451489579256.
②　半个镇都没了，意大利地震尚有大量民众被埋地下[EB/OL].（2016-08-25）[2023-11-06]. https://www.sohu.com/a/111988606_204321.

图 3-5　受灾严重的阿马特里切镇（2）[①]

◎案例四：菲律宾"海燕"台风

2013 年 11 月 8 日，菲律宾东萨马省遭台风"海燕"重创，灾区一片狼藉。"海燕"8 日凌晨在菲中部东萨马省登陆，中心最大风力达到每小时 314 千米，属 2013 年以来全球最强台风。登陆后，它由东至西横扫菲律宾中部，重创莱特省。台风引发的巨浪冲击沿岸地区，造成严重破坏。无人机航拍在此次灾情中起了很大作用，拍摄了大量现场灾情图（见图 3-6、图 3-7），受众可以通过这些现场视频和图片了解菲律宾怡朗省沿海遭台风袭击后损坏的房屋等情况。

图 3-6　菲律宾中部莱特省遭台风"海燕"袭击后（1）[②]

---

① 半个镇都没了，意大利地震尚有大量民众被埋地下 [EB/OL].（2016-08-25）[2023-11-06]. https://www.sohu.com/a/111988606_204321.

② 实拍菲律宾警察救灾：十几人推一辆拖车 [EB/OL].（2013-11-12）[2023-11-06]. https://world.huanqiu.com/gallery/9CaKrnQgZhM.

图 3-7　菲律宾中部莱特省遭台风"海燕"袭击后（2）①

◎**案例五：深圳光明新区山体滑坡事故**

2015 年 12 月 20 日，深圳市光明新区凤凰社区恒泰裕工业集团后侧发生一起山体滑坡事故。此次灾害滑坡覆盖面积约 38 万平方米，相当于 50 多个足球场大小的面积。此次，无人机航拍由新华网新闻无人机队广东中队完成，该中队在 12 月 21 日从空中拍摄深圳山体滑坡救援现场（见图 3-8）。无人机航拍不仅让受众直观感受到了天灾的无情，也使得后期争分夺秒的救援行动更深入人心。甚至，当地武警还通过无人机对现场进行了测绘，并绘制受灾现场图，以此计算土方量和所需救援的人力、装备以及搜救时间，使得整个救援过程高效而有序。

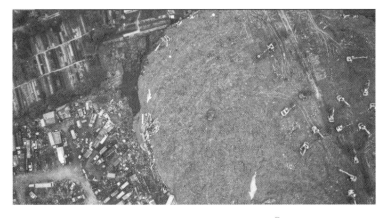

图 3-8　深圳山体滑坡救援现场②

---

① 实拍菲律宾警察救灾：十几人推一辆拖车 [EB/OL].（2013-11-12）[2023-11-06]. https://world.huanqiu.com/gallery/ 9 CaKrnQgZhM.

② 航拍深圳滑坡现场 [EB/OL].（2015-12-21）[2023-11-06]. https://china.huanqiu.com/gallery/9CaKrnQhoMn.

二、无人机在灾难新闻报道中的特点

重大突发性灾难事件中，无人机的使用已成为报道常态。在 2015 年天津滨海新区危险品仓库爆炸事件发生后，很多记者第一时间赶往现场时都随身携带了无人机。据央视报道，消防部门的无人机在火灾发生的 5 个小时之后升空，并全程记录、传回火场情况。央视等媒体也使用了其中的部分素材进行报道。2015 年 8 月 13 日上午，中国国际广播电台主办的新闻网站国际在线连发数张航拍照片，凤凰网也转载了源自《法制晚报》记者的航拍图片。[①] 财新网 2015 年 8 月 13 日连推两段无人机航拍事故现场视频，时长分别为 34 秒和 1 分 52 秒，主要展现了事故现场爆炸后的直观情况；腾讯网使用了来自腾讯拍客的无人机视频。[②]《北京青年报》《南方都市报》《联合报》都采用了无人机拍摄的照片。[③] 在国外，美国纽约发行的《中国日报·美国版》（*China Daily USA*）2015 年 8 月 13 日即在头版头条大版面使用了郁骁 13 日当天清晨航拍的一张照片，画面上多处明火在燃烧，浓烟滚滚遮天蔽日，一片狼藉；8 月 17 日，在荷兰阿姆斯特丹发行的《忠诚报》（*TROUW*）头版头条，使用了一幅来自欧洲新闻图片社（EPA）没有署名的无人机航拍照片：危险品经过若干天的燃烧之后，透过些许烟雾，显露出一个爆炸留下的大坑，坑里一汪褐色污水。[④]

三、无人机在灾难新闻报道中的优势

（一）拍摄成本低

传统新闻报道中对灾难现场进行航拍往往需要承担起租用直升机和聘请专业飞行员的高额费用，一般来说只有大型的新闻机构才有承受的可能。相较而言，无人机的成本低廉很多，以大疆公司推出的 Phantom 3 系列的无人机为例，根据搭配的相机规格不同，可以分为 Standard(标准版)、Professional(专业版) 和 Advanced(高级版) 三个版本，标准版售价仅为 4799 元。

（二）安全风险小

新闻记者一直以来属于高危行业，传统报道中记者要获得第一手资料必须深入事发现场，直面灾难事故现场各种恶劣情况及可能引发的次生灾害。而无人机的出现则可代替记者进入事故现场，实时传输回画面，媒体派出的新闻采播人员，可以在安全距离以外操控便携式无人机系统，以"零风险"的安全保障，完成离第一现场

① 周珊珊，贺梓秋，叶铁桥. 新技术在天津爆炸事故报道中的应用 [J]. 青年记者，2015(28): 48-50.
② 周珊珊，贺梓秋，叶铁桥. 新技术在天津爆炸事故报道中的应用 [J]. 青年记者，2015(28): 48-50.
③ 郭建良. 突发事件报道中的无人机与手机——天津港爆炸新闻摄影的新特点 [J]. 新闻记者，2015(9): 94-97.
④ 郭建良. 突发事件报道中的无人机与手机——天津港爆炸新闻摄影的新特点 [J]. 新闻记者，2015(9): 94-97.

最近的拍摄任务。2015年天津滨海新区危险品仓库爆炸事件中，事故现场残留有许多危化品和有毒气体，而无人机进入现场上空拍摄，极大地克服了地面上的恶劣环境，在获取全方位信息资料的同时大大降低了记者亲身采访的安全风险。

（三）传播时效强

突发性灾难事故报道往往要求记者快速反应，提供第一手现场资料。无人机操作简单，对场地环境要求低，能迅速升空作业，且其自身携带的应用程序可将画面素材即时传输，方便第一时间剪辑或播出，或是将预览内容同步传到互联网上，大大提高了新闻报道的传播效率，满足了一些新闻报道对于时效性的追求。而长镜头的纪实性直接生动，最大限度地保证了空间完整以及新闻的真实模样。以日本海啸事故为例，记者根本没有机会进行近距离的拍摄，但是日本NHK电视台采用了无人机进行拍摄，直观地呈现了海啸后满目疮痍的灾难现场。

（四）表现空间宽

传统新闻报道中对灾难记录的方式集中于特写或是近景镜头，强调对灾难本身的叙述和烘托，虽然这样的方式可以直观地还原灾难现场，但是视角略显单一且画面往往血腥残酷，易对受灾人群造成二次伤害。而无人机的报道则立足于更宏观的视角，通过立体化、全方位地对事故现场情况进行记录，极大地拓宽了新闻的表现空间，为灾难性新闻报道提供了多种可能的前景。

四、无人机在灾难新闻报道中的缺陷

（一）安全隐患

由于无人机自身技术的局限，目前市面上的无人机续航时间仅为20分钟左右，并且电池供电不足、系统瘫痪、操作不当等各类情况都有可能引起坠机事件的发生。加上灾难事件现场本身环境恶劣，如果无人机操作不当，极大可能干扰现场救援工作，甚至造成二次事故。

（二）视角单一

尽管航拍能够提供高空俯瞰的画面，最为直观地展现现场情况，但是镜头视角往往缺乏变化。灾难新闻报道中，无人机航拍虽然能提供立体的大场景图像，但是对一些局部的细节问题往往难以进行详尽描绘。单一地使用无人机报道会导致新闻信息不够全面且同质化现象严重，长此以往会给观众造成视觉上的"审美疲劳"。新闻报道仍应遵循新闻采访报道规律，代入记者视角，通过采访或是细节描述增加新闻报道的吸引力。

（三）政策风险

从世界范围来看，目前仅有少数国家如美国对无人机新闻采访做出了明确规定。美国联邦航空管理局规定无人机飞行高度不能超过 400 英尺（约 121.92 米），不得接近机场等重要设施。其他大多数国家包括我国在内，没有出台有关民用无人机使用的法律规范，因此在新闻采访中使用民用无人机存在一定的政策法律风险。

（四）专业性能弱

目前的无人机拍摄功能仍存在像素过低、运行噪声大以及画面抖动严重等问题，无法实现采、编、播一体化，已有的拍摄功能难以满足新闻采、编、播的多种应用场景要求，"传媒行业应用级"无人机仍在探索中。例如，在 2015 年天津滨海新区危险品仓库爆炸事件中，新华网首次呈现给网友的 1 分 30 秒无人机新闻报道经过了消音处理，而搜狐网 3 分 38 秒的独家航拍则带有极大的噪声，央视采用了消防无人机传回的影像资料，并配上新闻口播。[①]

五、无人机在灾难新闻报道中的创新性应用

正如上文论述，过多地使用无人机航拍图片会造成内容空洞和视觉疲劳的问题，《南方都市报》的视觉团队在无人机航拍上做出的创新性应用，极具参考价值。媒介从诞生起就是技术的产物，新技术的一大步，往往也带来媒介的一大步。在深圳山体滑坡事故报道中，《南方都市报》正是使用了无人机并结合 360° 全景拍摄技术，从而带来颠覆性的视觉报道效果。无人机应用全景拍摄技术使用户通过滑动手机屏幕或者重力感应即可观看到 360° 全景新闻现场，身临其境地感受新闻现场。此外，该全景摄影报道还加入了"亿像素"技术。所谓"亿像素"，即用常规摄影器材前期拍摄了数百张图片，后期利用软件对接起来，像素达到了数亿级别。《南方都市报》的视觉团队在灾难现场拍摄了过亿像素的全景图片，读者可以点击并放大图片看到详尽的细节，感受非一般的视觉体验。[②]

第二节　社会类日常新闻报道

媒介是人的延伸，无人机航拍技术为新闻报道提供了新的可能。随着各地新闻实践的发展，无人机作为一个图片和影像高度集成的信息采集平台已经渗透到社会日常新闻采访中。无人机的加入不仅能把新闻报道的美学意义提升到一个新高度，

---

① 向英婷.新华网无人机编队发展的SWOT分析：无人机，新闻采集的未来标配？ [J].传媒观察，2015(10)：9-10.
② 郑俊彬.探析无人机在灾难新闻报道中的特点及创新应用——以南方都市报为例[J].新闻研究导论，2016(3)：28-29.

而且获取新闻的方式也更加经济实惠。它价格低、小巧、易于使用，让以前"高大上"的航拍进入了一个大众时代，能够被记者带入任何现场，并广泛地运用于新闻报道，从而在很大程度上拓宽了新闻的表现空间，丰富了新闻表现手段，充实了新闻题材，甚至现在有些无人机航拍已经具备直播功能。[①] 以 2016 年春晚广州分会场为例，有 29 台无人机参加了航拍任务。如今无论是元宵节灯会、端午节赛龙舟等户外节庆活动的盛况，占地面积广、激烈角逐的体育赛事，还是城市污染、雾霾等新闻报道，与普通民众生活息息相关的新闻皆已广泛使用无人机。

一、社会类日常新闻报道案例

（一）时政新闻

◎案例一：新华网《换个姿势看报告》

在 2017 年"两会"报道视频里，新华网将《政府工作报告》中的各项重要数据加以提炼，投射到由 25 位"飞手"拍摄的壮阔风景之上，伴随着李克强总理做报告的原音，一个个数据图表依次浮现，大好河山便是展现过去一年工作成效的最佳画布。被祖国各地的壮美风光震撼之余，《政府工作报告》的精华内容也以一种独特的方式呈现在公众面前。[②] 在这个新华网推出的名为《无人机航拍：换个姿势看报告》的短视频里（见图 3-9），首次采用"无人机航拍 + 模拟增强现实"的形式解读《政府工作报告》，创造了"实景 + 虚拟"的新颖呈现方式。作品以无人机航拍实景作为画面背景，将《政府工作报告》中提及的 GDP、企业税负、城乡居民医保财政补助等目标，以特效文字的形式与无人机航拍画面相融合，并将李克强总理做报告的原声贯穿作品始终，具有很强的创新性、可读性、观赏性与体验性，在业界独树一帜。该作品由新华网独创并在发布后取得爆发性反响，不仅被数十家媒体网站和多家电视台转载播出，且"刷爆"微博、微信等社交平台，获得广大网民的好评，作品访问量达到 3000 万。

图 3-9　无人机航拍：换个姿势看报告[③]

① 张宇强. 无人机航拍新闻"热"的"冷"思考[J]. 中国记者，2015（11）：63-64.
② 换个姿势报道两会，为何新华网航拍这么带感？ [EB/OL].（2017-03-08）[2023-11-06]. http://news.sina.com.cn/2017-03-08/doc-ifycaafm5535655.shtml.
③ 换个姿势报道两会，为何新华网航拍这么带感？ [EB/OL].（2017-03-08）[2023-11-06]. http://news.sina.com.cn/2017-03-08/doc-ifycaafm5535655.shtml.

◎案例二：G20 杭州峰会倒计时

2016 年 8 月 25 日，正值 G20 杭州峰会倒计时 10 天，新华社"天空之眼"无人机队记者分两个时段、三个起飞点，对峰会主场馆杭州国际博览中心及附近地标建筑进行航拍摄影报道（见图 3-10）。[①] 将杭州国际博览中心最美的一面呈现在读者面前，这也是新华社历史上首次在重大事件报道中引入获得相关主管部门审批的无人机拍摄。此次进行拍摄的"天空之眼"无人机队是由新华社总编室指导、摄影部牵头、多部门参与的重点创新项目，致力于把最新的无人机及相关技术引入新闻摄影，策划和实施重大报道的无人机航拍任务，在无人机业务指导、技术引进、器材测试、人员培训等方面开展工作，推动实现新闻报道中的无人机"按规飞行、合理飞行、持证飞行"。项目每次选取一座城市，以新华社客户端为平台，进行一天直播式的报道，通过新旧航拍照片的对比，从空中向读者呈现城市的发展变迁和一日风貌。这样的航拍报道方式和这样的航拍报道频率在无人机作为辅助新闻报道设备之前是很难实现的。

图 3-10　杭州奥体中心主体育场和杭州国际博览中心 [②]

（二）环境新闻

◎案例三：雾霾天气

2016 年 12 月 31 日，全国多地遭遇雾霾天气（见图 3-11），多个城市启动空气污染预警，北京的 PM2.5 浓度 31 日晚间升至每立方米 500 多微克。北京首都国际机场的一名工作人员表示，进出港航班正在恢复正常。31 日的严重雾霾一度导致许多航班被取消，高速公路被关闭，打乱了许多人元旦假期的出行计划。此时，无人机能够从空中给出一个与飞行员类似的全景视角，公众瞬间就能够理解雾霾天气导致的严重危害，媒体也能够帮助后期空气污染治理的各项政策出台达成更多的社会共识。

---

① 王建华. 天空之眼，摄影升维——新华社"天空之眼"无人机队新闻摄影实践与思考[J]. 中国记者，2017（1）：14-16.
② 王建华. 天空之眼，摄影升维——新华社"天空之眼"无人机队新闻摄影实践与思考[J]. 中国记者，2017（1）：14-16.

图 3-11　京津高速北京永乐店段遭遇雾霾天气①

　　2017 年 1 月 3 日，北方正在遭遇严重雾霾的同时，南昌污染也十分严重。江西省环保部门公布的数据显示，11 个地市中有 5 个地市遭遇重度污染，2 个地市中度污染，4 个地市轻度污染，南昌市赣江两岸一片灰蒙蒙。人民网将无人机从地面升至 500 米，通过镜头可以看到，无人机所捕捉到的画面同样是一片灰蒙蒙，在秋水广场的上空，无人机只能拍摄到双子塔朦胧的影子（见图 3-12）。

图 3-12　南昌市遭遇雾霾天气②

◎**案例四：污染的水源**

　　新华网主办的"俯瞰·2015"无人机摄影活动中的获奖作品《污染的颜色》记录下了浙江杭州半山钢铁厂附近受污染的池塘中的植被情况（见图 3-13）。画面采用和天津滨海新区危险品仓库爆炸事件中类

---

① 邢广利. 北京启动雾霾橙色预警（组图）[EB/OL].（2016-12-31）[2023-11-06]. https://m.huanqiu.com/article/9CaKrnJZus5.
② 看不清！航拍南昌上空 未来 2 天江西仍维持雾和霾天气[EB/OL].（2017-01-03）[2023-11-06]. http://mt.sohu.com/20170103/n477664142.shtml.

似的顶视角拍摄，图片中心位置正对的是一块椭圆形区域，其中外圈约 1/2 的区域呈现鲜明的黄色，只有里圈一小部分是绿色，水域污染造成的后果在图中一目了然。这些画面不仅仅呈现了现场，也展现了存在于我们身边的问题，为接下来的新闻报道提供了有效线索。

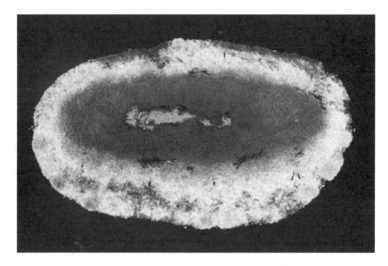

图 3-13 获奖作品《污染的色彩》[①]

2015 年开始由于无人机辅助新闻报道的日渐普及，越来越多的无人机"飞手"运用无人机开展舆论监督，尤其是在环境问题治理过程中无人机的作用得以突显，大量原本记者无法涉足的报道领域被无人机的航程所覆盖，出现了一批以水污染、土地污染、高空违建、占用耕地为代表的无人机航拍新闻作品。

（三）交通新闻

◎案例五：交通路况报道

居高临下的航拍视角无疑为节假日期间高速公路的路况报道提供了更为全面直观的视觉冲击，也为公众提供了更为及时准确的路况信息，而无人机的普及使得该类型报道成为可能。2017 年春节假期的最后一天，《武汉晚报》新媒体记者来到岱黄高速公路，用航拍的视角在官方头条号与官方微博双平台同时为网友进行路况视频直播。《武汉晚报》记者在岱黄高速公路府河收费站开始直播，无人机升至 200 米左右的空中，航拍的视角将高速路况尽收眼底（见图 3-14）。在直播中，受众可以清晰地看到，高速收费站口车辆还不太密集，但随着无人机对沿途进行拍摄，进城方向部分路段出现车辆拥堵的现象。截至当晚 9 点，已吸引 56 万网友围观。

同样出现交通拥堵的是 2017 年 1 月 2 日，新年小长假返京高峰，京港澳高速在北京市界收费站出现严重拥堵（见图 3-15）。随着高速公路的解封，大部分进京方向高速开始出现集中车流。下午 3 点开始，京港澳高速出现拥堵情况；下午 4 点，拥堵车辆排队长 1000 米左右，收费处再成"停车场"。

事实上，无人机的大量航拍画面和及时报道极大地引发了公众的关注，并促使公众在节假日期间更合理地安排出行时间和路线。

[①] 新华网无人机频道上线 2015 年 10 幅获奖作品发布[EB/OL].（2016-01-11）[2023-11-06]. https://www.sohu.com/a/53879873_125559.

图 3-14　《武汉晚报》记者航拍的岱黄高速返程高峰①

图 3-15　《法制晚报》记者航拍的京港澳高速返程高峰②

（四）农业新闻

◎案例六：广西发现富硒土壤

　　无人机的加入让传统的农业新闻报道也出现了新意，鸟瞰视角中广袤的农田和周边错落有致的民居相互衬托，呈现出以往不曾被拍摄到的田园风光。2016 年，广西发现富硒土壤 2018 万亩（约 134.53 万公顷），富硒土壤有着独特的颜色，是农、林、果业发展的优势土壤资源，且其中生长的作物能够提供人体所必需的微量元素。记者在报道该新闻的时候，选择富硒土壤耕种收获之后，通过无人机航拍的方式将广西来宾市兴宾区航拍富硒水田展现在受众眼前。这些水田依山而下、层层叠叠，图片一方面呈现出了当地富硒土壤面积之广袤，另一方面也让受众感受到了富硒土壤的与众不同和山水画般的田园风貌（见图 3-16）。

①　刘莹. 武汉晚报航拍直播返程高峰 吸引 56 万网友围观[EB/OL].（2017-02-03）[2023-11-06]. https://www.sohu.com/a/125384055_106321.

②　雾霾封路 回京高速再成"停车场"[EB/OL].（2017-01-02）[2023-11-06]. https://www.jiemian.com/article/10482 18. html.

图 3-16　广西来宾市兴宾区三五镇古炼村的梯田①

（五）城市新闻

◎**案例七：天平铁路开通运营**

　　近年来，中国的基础设施建设实现了跨越式的提升，无人机在拍摄这些动辄数百上千公里高速公路、铁路交通网时，有着无法替代的优势。无人机选择凌空俯瞰的拍摄角度，使得这些改变人民生活的大型基础设施建设项目更显出其宏伟壮观，也更能凸显伟大祖国发展的一日千里，提升民众的民族自豪感和自信心。类似报道中，如甘肃天水在线报道无人机航拍小组来到清水县，对天平铁路清水段进行了航拍。2015 年 12 月 30 日上午 10 时整，随着"和谐号"电力机车的一声长鸣，34108 次货运列车从天水火车站缓缓驶出，标志着天平铁路正式开通运营。无人机航拍下蜿蜒的高速铁路穿越农田和城市，直插入绵延的群山，预示着小镇的未来将因此而改变（见图 3-17、图 3-18）。

图 3-17　天平铁路（1）②

① 广西 21 个县发现 2 千万亩富硒土壤 航拍富硒水田美如画[EB/OL].（2017-01-03）[2023-11-06]. https://www.sohu.com/a/123288732_120702.
② 天水在线无人机航拍天平铁路（组图）[EB/OL].（2015-12-30）[2023-11-06]. http://www.tianshui.com.cn/news/tianshui/2015123020342171930.html.

图 3-18　天平铁路（2）①

◎**案例八：废品堆放场汽车**

对地面密集场景的拍摄也是无人机的优势，原来只能"一鳞半爪"从不同侧面呈现的景象，通过无人机可以一览无余，呈现出特有的景观风貌。2017 年 6 月 8 日，摄影师杰克·托多罗夫航拍下了美国加利福尼亚州波特维尔一座废品堆放场内密密麻麻地堆放着的数千台无人问津的汽车。虽然它们整齐地排成列，但是此地仍然不足以放下这些汽车，从而不得不将一些车堆放在另一些车的车顶上，这些汽车有的已经在这里堆放了 50 年之久，连外壳的油漆都生锈了。就是这样一个废旧汽车停车场，从空中拍摄却呈现出了一个宏大的五彩斑斓的景观，仿佛给大家呈现了世界上最严重的交通堵塞场面（见图 3-19、3-20）。

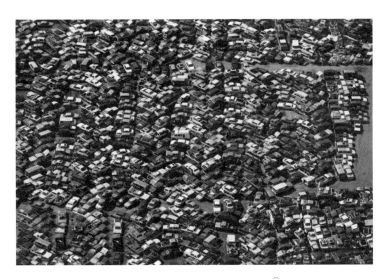

图 3-19　无人问津的汽车（1）②

① 天水在线无人机航拍天平铁路（组图）[EB/OL]. （2015-12-30）[2023-11-06]. http://www.tianshui.com.cn/news/tianshui/2015123020342171930.html.

② 航拍美国 "汽车坟场" 报废车辆排列如小铁盒 [EB/OL]. （2017-06-09）[2023-11-06]. https://war.163.com/photoview/6V8S0001/2259837.html#p=CMFSNMN76V8S0001.

图 3-20　无人问津的汽车（2）①

（六）节日新闻

◎**案例九：赶年集**

无人机用于节假日期间拍摄群众出行已非常普遍，其不仅可以拍摄高速公路也可用于拍摄交通枢纽、集市和旅游景点等人流密集地区。2017 年 1 月 24 日，农历腊月二十七，全国各地乡村年集人潮涌动，村民都在集市采购年货，喜迎新春佳节。摄影师用无人机航拍了山东省滨州市惠民县何坊街道办事处香翟村年集（见图 3-21）。照片中，近万名当地村民赶年集，过大年。这样的空中视野显然比以往的报道手法更具特色和现场感。

图 3-21　近万名当地村民赶年集②

① 航拍美国"汽车坟场"报废车辆排列如小铁盒 [EB/OL].（2017-06-09）[2023-11-06]. https://war.163.com/photoview/6V8S0001/2259837.html#p=CMFSNNBK6V8S0001.

② 山东滨州近万人赶年集 场面壮观[EB/OL].（2017-01-25）[2023-11-06]. https://www.chinanews.com.cn/tp/hd2011/2017/01-25/710729.shtml.

（七）体育新闻

◎案例十：健身

体育运动赛事也是无人机辅助新闻报道的常见领域，尤其是针对一些户外运动，无人机航拍、跟拍已经开始全面普及，成为提升体育运动报道效果的重要手段。

2014 年第 57 届世界新闻摄影比赛（荷赛）中，《南方都市报》记者陈坤荣的无人机航拍作品《健身》获得体育特写类组照二等奖（见图 3-22）。这组利用无人机低空航拍的作品，拥有独特的视角，赋予司空见惯的日常运动场景以全新的视觉效果。[①]

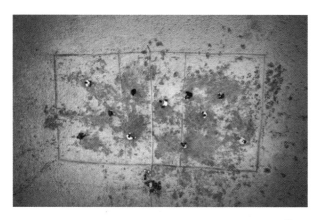

图 3-22　体育特写类组照二等奖获奖作品《健身》[②]

◎案例十一：中国越野系列赛

无人机可以在马拉松比赛、环城自行车赛、大型户外活动等体育报道中运用空中视角并发挥强大的数据采集能力进行活动拍摄。相较于轨道车或摇背等小范围拍摄设备，无人机往往会更加适用于大范围的运动场景。2016 年中国环塔（国际）拉力赛暨中国越野系列赛新疆站进入南疆，记者通过无人机高空俯拍展现第四赛段紧张角逐的比赛画面（见图 3-23）。

图 3-23　2016 年中国环塔（国际）拉力赛

---

① 艾修煜. 上帝的观看之道——论新闻摄影新起之秀无人机航拍摄影 [J]. 新闻研究导刊，2016（14）: 217.
② 第 57 届荷赛奖揭晓——体育专题类组照二等奖 [EB/OL].（2014-02-15）[2023-11-06]. https://www.chinanews.com/tp/hd2011/2014/02-15/305693.shtml.

（八）社会新闻

◎案例十二：新华网航拍多地高考现场

2017年6月7日，全国高考开启，受高考接送车流与早高峰车流双重因素叠加影响，早上8时起，上海南北高架与延安路高架立交渐显拥堵迹象（见图3-24）。交警部门表示，将结合考点周边道路条件和交通流特点，合理安排岗位，视情增派警力以加强交通疏导，必要时采取间歇性交通管制或临时改道等措施，从而确保考生和有关人员进出考点交通畅通。届时，公安交警部门将开展联勤联动执法，对考场周边部分道路采取临时禁行措施，驾驶员应听从现场交警指挥或根据现场引导标志通行。图3-24为2017高考期间航拍的上海南北高架车流情况。

图 3-24　2017 年 6 月 7 日早晨上海南北高架车流情况①

二、无人机在社会类日常新闻报道中的特点

航拍能以人们一般无法到达的高度俯视事物的全貌，给人以宏观的视野和整体的形象描述，成为实景展示中最有表现力的手段。② 在传统的新闻报道中，摄影记者的拍摄角度大多是水平拍摄或者仰摄，原因主要有以下几点：一是受到高度限制；二是受到现场环境限制；三是设备一旦固定，移动就很不方便。如若需要俯拍镜头，则需要借助大型摇臂、地面滑轨、"飞猫索道摄像系统"等多种大型设备，这样不仅增加了报道难度，也极大地增加了报道成本，特别是在遇到一些大场景时，由于地理环境受限，摄影师很难全景展开。

无人机的出现则突破了报道的种种困境，弥补了传统新闻采集的空间短板。无人机的飞行高度可从几米升至四五百米，起飞时间短、拍摄机位自由，还可以结合现场情况适时调整，非常适合拍摄大场面和过程性的新闻事件。从高处拍摄新闻，

---

① 【飞"阅"中国】全国高考今日开启 航拍沪上交通动脉通行情况 [EB/OL].（2017-06-07）[2023-11-06]. http://big5.xin huanet.com/gate/big5/m.xinhuanet.com/2017-06/07/c_136346382.htm.
② 赵琨，李可.给电视直播画面插上翅膀——遥控航拍直升机在电视新闻直播中的应用[J].民营科技，2011（8）：79，36.

可以展示大全景，大量俯拍拉伸空间纵深感，弥补了传统新闻以仰拍平视为主的主观角度，拍摄的镜头能够直观地展现新闻现场的风貌、规模、地理位置以及周围环境，记录更加客观。无人机新闻的俯拍常常配合广角镜头，有助于扩大信息量，增强画面冲击感，更有利于清晰交代新闻主体所处的广阔环境，再现壮观场面。比如2016年春天《新闻联播》推出的"瞰春系列报道"，就以大量无人机俯拍画面展现各地春意盎然的景象，前所未有的拍摄角度让画面张力十足。

三、无人机在社会类日常新闻报道中的优势

（一）新闻可视化

通过新媒体手段为受众挖掘新闻深层信息，实现了新闻报道的可视化呈现、故事化表达，航拍数据的叠加改变了以图片、文字为主的传统新闻面貌，观众由此能直观地看到可视化数据及实景画面，传统的时政、经济、城市新闻的呈现方式得到极大拓展，让观众耳目一新。同时，视觉体验带来的新闻报道参与感更强。例如，在北京雾霾报道中，北京电视台通过使用无人机从多个不同角度对雾霾下的北京进行航拍，拍摄到包括中央电视台总部大楼等在内的众多地标性建筑物全部"消失"，使得观众直观感受到雾霾的严重程度。

（二）强化新闻力量

无人机灵活的运动方式可以拍摄常规情况下难以触及的角度与区域，航拍的形态可以让记者以最快的速度了解新闻现场的面貌，从而增强记者的新闻现场画面搜集能力。全新视野的新闻采访模式，在提升新闻节目画面质量的同时，也提高了新闻整体的叙事方式、展现形式和传播价值。

（三）提高媒体核心竞争力

新媒体战场的竞争越来越激烈，各类媒体都在新闻领域寻求有吸引力的关键点。传统的常规报道是"标配武器"，难以形成差异化，而无人机的到来，无疑对创意策划、数据分析、视觉设计等创意和技术的融合提供了更为明晰的前景。无人机作为一种新兴的媒介竞争工具和手段，让记者更容易找到与众不同的拍摄角度，从而让自己的报道在众多媒体同行中脱颖而出，也为媒体后期深加工提供了优良的第一手资料。

四、无人机在社会类日常新闻报道中的缺陷

（一）安全隐患

新闻航拍常常用于庆典、活动和赛事拍摄等大场景，需要飞到人群上空进行拍

摄，而作为现代化航拍产品，无人机的出现时常会引来众人围观，人们将操作者团团围起或者争看监督视频，易导致飞机失控，而一旦出事，后果将不堪设想。除此之外，无人机在电池耗尽前找不到着陆场地也会发生坠机事件，需要疏散人群以保证安全，一旦坠落可能造成人员和财物的伤害，存在危害公共安全的可能性。例如，2013 年秋季美国弗吉尼亚州赛车公园公牛赛跑赛上，一架无人机失控撞到看台上，导致数人受伤。

（二）画质较低

目前航拍无人机上的镜头，绝大多数都没有变焦和对焦功能，只能控制镜头的指向。无人机镜头虽然小巧轻便，但画质跟专业单反相比还有很大差距，所拍单张照片往往经不起放大和裁剪，控噪能力一般，夜景噪点明显，另外，像日出日落这样高光比、大动态的场景，机载摄像头很难胜任，暗部噪点完全压不住。

（三）缺乏互动

无人机航拍主要的形式是大场景和长镜头，脱离了现场人群，因而无法跟新闻现场的当事人进行面对面的交流，不能互动体验。而新闻采写讲究"望、闻、问、切"，记者除了进行报道外，还需要实地走访，与现场观众或是表演者进行交流，挖掘新闻背后的故事。无人机从内容上来说，只能结合旁白，比较空洞抽象。

（四）侵犯隐私

发挥独特视角及作用的无人机在获取新闻内容的同时极有可能出现涉及侵犯公民隐私的问题。由于在高空拍摄的角度里，多数情况下私人领域和公共领域没有明显的区分标准。此外，无人机体型小巧，加上位于高空的拍摄角度，难以引起普通人的注意。例如，当下有部分娱乐新闻记者正是通过无人机对艺人们进行无死角拍摄，导致严重侵犯隐私的现象时有发生。无人机随意航拍可能导致国家机密泄露等国家安全问题。

五、无人机在社会类日常新闻报道中的创新性应用

直播已经成为当下无人机在新闻报道应用中的突出功能。2016 年 5 月被推特（Twitter）收购的流媒体直播应用 Periscope 宣布与大疆公司合作，致力于开发无人机现场直播的新功能。新华网为了谋求在无人机新闻报道领域内体系化布局和建设，更是采取了使用导航直播车的重要举措。2017 年 2 月，新华网首批 13 台无人机导航直播车正式投入使用，开始在重大新闻事件报道中崭露头角，4 月，随着第二批无人机导航直播车的交付，标志着无人机导航直播车的全面投入使用。无人机导航直播

车可实时接收无人机数据传输、图传信号；支持融合无人机航拍的多路视频接入，从而实现网络直播。与此同时，这一导航直播车还可配合无人机地面站，对相应的无人机进行导航，今后也将成为多种报道形态互相融合的现场"指挥中心"。导航直播车的应用一方面为提高新闻报道水平提供了高科技平台支持；另一方面，为确保无人机安全执行全天候、多地形、全媒体的新闻航拍提供了有力保障。①

第三节　调查类深度新闻报道

调查类深度新闻报道一向是最能吸引读者眼球的新闻形式之一，调查类深度新闻报道往往可以反映重大新闻事件和社会问题，深入挖掘和阐明新闻事件的因果关系，揭露事件的本质和意义，追踪和探索其发展趋势。但是由于其涉及权力分配与运作、重大事故背后的利益与责任划分，凡此种种都为新闻报道增加了难度，要抓住被监督对象的把柄可谓难上加难，无人机则为深度新闻报道打开了新的通道。例如，媒体进行环境污染报道时通常会采取暗访的方式，暗访的成功与否取决于记者能否进入现场并拍摄到画面。但一般涉及污染的问题企业都会做得比较隐蔽，而利用无人机进行俯拍却可以拍摄下污染的全景，低空飞行还可以拍摄到具体的污染场景。无人机灵活的拍摄方式将使其在环境污染等领域的报道中大显身手。②

在南京玄武湖公园清淤整治项目报道中，大量泥浆被非法倾倒，但泥浆如何被抽到船上，设立在公园内部的大型泥浆池里到底是什么样子的，每天有多少泥浆车来运输，又是如何运输的呢？由于施工现场严格封闭，记者无法通过摄像机进行正常拍摄，便以游客身份将无人机带到玄武湖公园内，在靠近泥浆池的地方放飞，相机准确清晰地拍摄到了泥浆被清理、运输的整个过程，并且拍下了相关运输车辆的牌照号码和公司名称，为后面为期多天的暗访跟踪提供了线索和思路。2014 年 5 月 12 日晚，《玄武湖泥浆"流向"了哪里？》播出之后，航拍画面为这个舆论监督类题材的节目增色不少。③ 不仅如此，在反映历史记忆、社会危机以及报道战地新闻的题材上，无人机的航拍角度往往可以给观众提供更深刻的视角。

---

① 护航新华网无人机，有东风车！[EB/OL].（2017-02-16）[2023-11-06]. https://www.sohu.com/a/126450578_121854.
② 米莉. 浅析无人机技术对新闻报道的影响 [J]. 传媒，2016：83-84.
③ 周会峰. 浅析无人机航拍技术在日常新闻报道中的应用 [J]. 视听界（广播电视技术），2014（6）：72-75.

一、调查类深度新闻报道案例

（一）企业监督

◎案例一：德兴车业擅自生产

2017年1月1日，环保部通报称，德州市御驾车业有限公司违反武城县环保局下达的停产决定，私自撕毁封条，擅自生产。现场检查时，喷涂等车间正在生产，烟气未经处理直接排放，并存在露天喷漆作业等行为，武城县德兴车业有限公司违反政府下达的停产整治决定，擅自恢复生产。1月1日下午，德州市召开大气污染防治工作紧急会议，对德州市、县两级政府督查组督查情况进行通报，并对环保部督查组通报的德州两家顶风作案的企业进行了通报。为了解两家企业停产落实情况，2日下午，《齐鲁晚报》记者对通报中的两家企业进行了实地探访。1月2日，被环保部通报的德州两家企业已停产，当天下午，两家企业大门紧锁，厂区内只能偶尔见到工人闲逛（见图3-25）。

图3-25　武城县德兴车业厂区内已没有生产迹象 [①]

（二）历史记忆

◎案例二：切尔诺贝利核难遗址

1986年，乌克兰普里皮亚季邻近的切尔诺贝利核电厂的第4号反应堆发生爆炸，造成较大人员伤亡，经济损失高达数千亿美元，被称为历史上最严重的核电事故，切尔诺贝利城也因此被废弃。

2014年11月，新闻记者丹尼在执行哥伦比亚广播公司任务时，将录像机安装到一架无人机上，拍摄了当今的切尔诺贝利。录像显示，这个曾经拥有5万名常住居民的城市，如今看起来如鬼城一般寂静荒凉（见图3-26）。

[①]　德州两被曝光排污企业均已停产！大门关闭并再贴封条[EB/OL].（2017-01-03）[2023-11-06]. https://news.ifeng. com/c/7fb7WH7H5VV.

图 3-26　乌克兰切尔诺贝利核事故遗址 [①]

◎**案例三：唐山今昔对比**

2016 年 7 月 28 日，是唐山大地震 40 周年纪念日。对唐山人而言，这是一份格外沉重的集体记忆。1976 年 7 月 28 日，唐山发生了一场 7.8 级的毁灭性大地震，地震造成 242769 人死亡，16.4 万人重伤，是 20 世纪世界地震史上死亡人数第二的大地震。对比唐山震时与现在的照片，可以看出一座新城正在废墟中崛起（见图 3-27）。

图 3-27　唐山抗震纪念碑广场 [②]

① 无人机航拍切尔诺贝利核难遗址：寂静似鬼城 [EB/OL].（2014-12-03）[2023-11-06]. https://news.ifeng.com/a/2014 1203/42629804_0.shtml?_share=sina&tp=1417536000000
② 唐山大地震 40 年航拍废墟上的新城 [EB/OL].（2016-07-27）[2023-11-06]. https://www.sohu.com/a/107795584_20 4321.

（三）社会危机

◎案例四：贫富差距

美国西雅图摄影师乔尼·米勒用无人机大疆 Inspire 1在南非开普敦拍摄到一组照片，这组名为"不平等的场景"（unequal scenes）的照片显示了南非巨大的贫富差距。伊米扎莫·耶图简陋的房屋与旁边豪特湾的奢华形成了强烈的对比（见图 3-28、图 3-29）。两地除了在同一张相片中，没有任何共同点，中间是围墙筑成的"缓冲区"。史特兰区的主要通用语言是南非语，而诺姆扎姆区则是科萨族的科萨语。史特兰区是中产阶级的居住区，而诺姆扎姆区则有着几十年的种族隔离历史。从空中看，贫富差距是如此的清晰、如此的富有冲击力。米勒表示，他拍摄该系列照片的主要目的是以一种更为清晰和直观的方式来表现贫困与富有之间的界限，而通常这种界限很难在地面上被看到。尽管目前南非政府已不再以法律的方式划定贫民区和富人区，但这种贫与富的界限却依然存在。

图 3-28　不平等的场景（1）[①]

图 3-29　不平等的场景（2）[②]

[①] 贫穷和富有中间仿佛有一条线，航拍图揭露社会不平等[EB/OL].（2018-08-25）[2023-11-06]. https://www.sohu.com/a/250015162_100193836.

[②] 贫穷和富有中间仿佛有一条线，航拍图揭露社会不平等[EB/OL].（2018-08-25）[2023-11-06]. https://www.sohu.com/a/250015162_100193836.

◎**案例五：移民阵营**

2016年8月14日，法国加莱，航拍加莱"丛林"移民营地（见图3-30、图3-31）。当时有7000多人住在离海边不远的45亩（3公顷）地上，干净的水非常有限，卫生状况也不好，在这样脏乱的环境中，几千个临时住所星罗棋布地分散着。加莱是距离英格兰多佛大约20英里（约32千米）的一个小型港口城市。20世纪90年代后期起，来自北非和中东的移民开始在这里聚集。

图3-30 加莱"丛林"移民营地（1）[①]

图3-31 加莱"丛林"移民营地（2）[②]

---

① 航拍 | 法国加莱"丛林"移民营地[EB/OL].（2016-08-16）[2023-11-06]. https://www.sohu.com/a/110670025_204321.
② 航拍 | 法国加莱"丛林"移民营地[EB/OL].（2016-08-16）[2023-11-06]. https://www.sohu.com/a/110670025_204321.

（四）战地新闻

◎案例六：叙利亚内战

俄罗斯连塔网 2015 年 11 月 10 日报道称，叙利亚政府军打破了恐怖组织武装对克韦里斯机场的长期包围。克韦里斯机场位于叙利亚西北部的阿勒颇省，两年来，这里 一直被武装分子围困，基地里军人依靠空投物资持续抵抗。在战前，该机场被用来训练叙利亚空军飞行员。俄罗斯国家电视台发布了一段无人机拍摄的叙利亚大马士革的画面，视频记录了叙利亚军队出动坦克与反政府武装分子在叙利亚首都大马士革东郊朱巴尔作战的场景，战场上硝烟弥漫（见图 3-32）。

图 3-32　叙利亚大马士革战争画面 [①]

二、无人机在调查类深度新闻报道中的特点

调查类深度新闻报道要建立在大量事实的调查基础上，尊重新闻事实、维护正义，对现象进行调查研究，以期掌握事实本身，体现全局意义。传统的新闻报道方式需要记者亲临现场，通过询问事件当事人、目击者和相关人士来了解事件的真实情况，这种主观询问了解事件的方式，很难保证其提供的事实不会存在片面性或虚假性。无人机新闻具有天然的纪实性优势，对现场的实况记录逼真而生动，它记录着事件的原始节奏，保持叙事空间的完整性，更好地展现了新闻的真实性，满足了受众"亲临其境"的心理需求，并且无人机可以配合整个现场拍摄，甚至可以将记者没有注意到的角度记录下来，客观还原事件的真相，使新闻的被加工性降至最低。

---

① 外媒称叙军坚守重要机场 2 年：靠空投物资顽强抵抗图 [EB/OL]．（2015-11-13）[2023-11-06]．http://mt.sohu.com/20151113/n426374706.shtml.

三、无人机在调查类深度新闻报道中的优势

（一）提供证据

在介绍新闻背景时，单纯的语音或文字播报往往缺乏观众的共鸣。无人机则可为新闻调查提供证据，较平衡地展示和还原调查现场的整体情况，起到关键性的补充作用。2016年10月，浙江卫视《今日聚焦》栏目对慈溪市洋山岗村综合办公楼被挪作他用一事进行曝光，报道首先采用无人机航拍的方式对现场进行了俯瞰拍摄，让观众直观地看到报道对象的具体情况，然后引出该办公楼上报审批用途以及对相关人员的采访，充分体现了以事实说话的报道原则，增强了监督报道的说服力。

（二）配合暗访

从事社会新闻采访的记者在做有关灾害、事故现场报道时，常常会受到当事方的阻挠甚至拒绝，使得记者不能走进或接近新闻现场。无人机则突破了这一限制，由于其自身活动范围大，因此不但可以飞近被拍摄物体，还可以飞入人类不易进入的场所，可以从空中飞临新闻现场，采集相关信息，即时搜集第一手资料，让事件真相大白于天下。以城市住宅顶楼违建为例，如果违建住户不配合记者采访，传统新闻摄影技术则无法使用，而无人机则可在违建楼顶上方航拍，协助报道违建情况。

（三）保护记者人身安全

对新闻媒体工作者来说，舆论监督类特别是战地采访是最危险的采访任务。以叙利亚内战为例，据相关媒体统计，已有几十名记者在叙利亚新闻报道中遇难，20多名记者在非工作环境下遭到绑架或暗杀。路边的炸弹、狙击手的冷枪、政府军的重火力炮轰等都会让记者难有安身之地，而无人机的拍摄，便可以在达到同等拍摄效果的前提下保证记者的生命安全。

四、无人机在调查类深度新闻报道中的缺陷

（一）飞手思维局限

处于航拍初级阶段的新闻无人机，往往存在见景不见人、见人不见故事的情况。虽然现在各类传统媒体和新媒体都设立了自己的无人机频道，但是在新闻报道中拍摄角度往往大同小异，无人机在调查类深度新闻报道中的应用也集中于对背景的补充和说明，思维局限导致无人机无法在调查类深度新闻报道中发挥更有价值的作用。

（二）技术瓶颈尚未攻克

首先，无人机靠电池提供动力，续航时间短，一次持续飞行拍摄只能供电 20 分钟左右。其次，无人机噪声大，拍摄图像时螺旋桨一直处于高速转动状态，会造成画面抖动。螺旋桨的轰鸣声，也会干扰同期声的录制，不利于新闻现场的完整回顾，也易暴露无人机的位置，引发麻烦。

（三）应用领域窄

目前无人机在调查类深度新闻报道中的应用多集中于企业污染及城市违建等问题，内容和表现形式都相对单一，单纯地选择航拍全景图会让图片的传播效果大打折扣，必须配合报道中的特写以及近景的多元应用才能避免内容的空洞。

（四）缺乏相关培训

调查类深度新闻报道的记者往往需要拥有丰富的调查经验，而目前与无人机相关的培训大都集中在对飞手综合能力的培养上，对新闻领域尤其是调查类深度新闻报道中的记者没有针对性的无人机使用培训。缺乏统一标准会直接影响飞手的拍摄水平，进而影响后期内容的深度报道。

五、无人机在调查类深度新闻报道中的创新性应用

目前，受到现有技术的局限，"无人机 +VR"的新闻报道仍在探索之中。但是可以预见的是，新闻无人机随着新闻实践的发展必将搭载各种设备，无论是 VR/AR 还是测绘摄像、人工智能，实现海陆空交互拍摄是必然的发展趋势。例如，搭载倾斜摄影后，调整鸟瞰角度，就能读取核心灾情区人物和景物以及他们之间的数据，这都是过去传统报道很难触及的死角。美国加州发明家沃斯的 VR 无人机 FlyBi，采用特制 VR 眼镜，能将无人机拍到的画面实时展示在使用者眼前。自媒体人只要转动头部便能改变镜头角度，再配合遥控器控制无人机，使用者即使在地面也能感受翱翔天际的快感。具体来说，当飞手的头部转向左边，无人机的摄像头（通过云台）也转向左边进行拍摄，提供无人机第一人称视觉虚拟飞行体验。"无人机 +VR"的应用能植入与之相关的历史和未来的真实或动漫信息，包括重现渐趋消逝的信息，拉展时间跨度。而加入读者互动、控制成分，则使直播具有一定的游戏属性，能让读者产生沉浸感。[1]在未来的新闻实践中，调查类深度新闻报道必然整合各类新媒体手段，突破现有报道的思维局限，让观众共享调查体验。

---

[1] 无人机要取得媒体制空权 需植入作者形象和思想[EB/OL].（2017-06-28）[2023-11-06]. https://baijiahao.baidu.com/s?id=1571416818440449&wfr=spider&for=pc.

第四节　图片类新闻报道

世界新闻摄影（荷赛）基金会在谈论好选题的产生时曾建议："很多人把事情视为理所当然，而当他们从一个新的角度观看时将会惊讶。"新闻摄影归根结底是在诠释一种观看之道，唯有循此规律探究新闻摄影发展过程中出现的种种新问题、新现象，才有助于人们拨开新闻事件纷繁无序的表象，进而理出贴近本质的规律和脉络。[①]

利用无人机无可比拟的高空作业优势，摄影师总能拍出让人意想不到的震撼场景和惊艳作品。无人机航拍是一个集单片机技术、航拍传感器技术、GPS导航航拍技术、通信航拍服务技术、飞行控制技术、任务控制技术、编程技术等多技术于一体并依托硬件的高科技产物，其拍摄影像具有高清晰、大比例尺、小面积的优点，特别适合获取带状地区航拍影像（公路、铁路、河流、水库、海岸线等）。且无人机为航拍摄影提供了操作方便、易于转场的遥感平台；起飞降落受场地限制较小，在操场、公路或其他较开阔的地面均可起降，其稳定性、安全性好，转场等非常容易；小型轻便、低噪节能、高效机动、影像清晰、轻型化、小型化、智能化，更是无人机航拍的突出特点。[②]

航拍技术在传媒行业的应用引发了联动效应，各级媒体不甘落后，纷纷运用无人机航拍技术拍摄新闻。2016年1月4日，《深圳晚报》无人机采访队宣告成立，当天，茂名日报社也组建了无人机新闻拍摄团队。在省级及以下媒体中，无人机航拍技术在新闻中的应用主要表现在图片新闻报道中，以《四川日报》为例，它旗下的四川在线新闻网创立了航拍四川频道，这为其日常报道增添了一种新的视角和新的可能。[③]新华网、齐鲁网、环球网、搜狐网等均设有无人机频道，主打图片类新闻报道。

一、图片类新闻报道案例

（一）自然风景照

◎案例一：满月下的冰岛

冰岛摄影师用无人机航拍了一段夜色下的冰岛，满月下的冰岛显得神秘而又静寂，居住在雷克雅未克的人们随着夜幕的降临将家里的灯光打开，瞬间整座城市被照亮。而夜色下的北极拱门（Arctic Henge）靠近北极圈，据说在特定的日子，第一缕阳光会从三道门中间穿过，极富象征意义（见图3-33、图3-34）。

---

① 吕俊平，陈海强.无人机航拍：新闻摄影领域崛起的新势力[J].军事记者，2016（5）：53-55.
② 无人机摄影技术，你期待么？[EB/OL].（2023-04-01）[2023-11-06].https://www.21ic.com/a/953360.html.
③ 史杰蔚.无人机新闻——新闻采编新趋势[J].新闻研究导刊，2016（7）：66-68.

图 3-33　满月下的冰岛（1）^①

图 3-34　满月下的冰岛（2）^②

（二）野生动物照

◎**案例二：座头鲸和虎鲸追逐鱼群**

挪威北部的浅水区在正午阳光下闪耀，大西洋的鲱鱼引起了座头鲸和虎鲸的注意，那黑色的大斑点并不是沙滩，而是由数以百万计的鱼组成的鱼群，很显然，这么大的鱼群将要成为座头鲸和虎鲸的午餐（见图 3-35）。野生动物摄影师艾斯彭·伯杰森说："这是我们在太阳升起之前得到的，这就是水的生动色彩。"

---

① 　静谧唯美 无人机航拍冰岛满月极光之夜 [EB/OL].（2017-02-21）[2023-11-06]. https://item.btime.com/01404oj8qk77g hg3bcihrqh68jb?from=browser.
② 　静谧唯美 无人机航拍冰岛满月极光之夜 [EB/OL].（2017-02-21）[2023-11-06]. https://item.btime.com/01404oj8qk77g hg3bcihrqh68jb?from=browser.

图 3-35　座头鲸和虎鲸追逐鱼群^①

（三）城市风光照

◎案例三：台风中的南京

2015 年 7 月 12 日，第 9 号台风"灿鸿"在浙江省舟山市朱家尖镇登陆。当日，航拍专家将无人机升至 300 ～ 500 米的高空，"扛风"航拍下了当天的南京城：大风卷积之下，夹杂着雨点的乌云快速掠过城市上空，台风"灿鸿"将给南京带来明显的风雨影响，也给南京带来了特殊的美景（见图 3-36、图 3-37）。

图 3-36　台风中的南京（1）^②

---

① 野生动物摄影师无人机抓拍到座头鲸和虎鲸追逐鱼群 [EB/OL]. (2017-04-19) [2023-11-06]. https://www.sohu.com/a/135010269_350244.

② 无人机航拍南京：受台风影响阴云密布 [EB/OL]. (2015-07-12) [2023-11-06]. https://www.pcpop.com/article/1110636.shtml.

图 3-37 台风中的南京（2）①

◎案例四："天空之眼"瞰祖国

　　2016 年国庆前夕，"天空之眼"瞰祖国系列报道首站在天津起飞。1999 年，新华社记者曾搭乘直升机和运输机，首次尝试"空中看祖国"大型航拍纪实摄影活动。今天，随着无人机技术的不断发展，新华社正式组建了由摄影记者为骨干的"天空之眼"无人机队，利用先进的无人机航拍技术，再次发起"天空之眼"瞰祖国系列大型航拍摄影报道。以"聚焦城市风光、展现时代变迁"为主题，对中国主要城市进行全面航拍，通过全新的独特视角，为习惯了在城市生活的人们呈现了不一样的视觉盛宴（见图 3-38）。

图 3-38 夜幕下的上海黄浦江两岸②

①　无人机航拍南京：受台风影响阴云密布 [EB/OL].（2015-07-12）[2023-11-06]. https://www.pcpop.com/article/111 06 36.shtml.
②　"天空之眼"瞰上海 [EB/OL].（2017-01-01）[2023-11-06]. http://mt.sohu.com/20170101/n477505256.shtml.

二、无人机在图片类新闻报道中的特点

无人机航拍异常迅猛地在新闻摄影版图上开辟出了属于自己的一片领地。仔细探究其中的奥妙，我们至少能找到以下两方面原因：一方面是新闻摄影在读图时代的地位提高了，同时面临的挑战也增多了，这为无人机航拍跻身新闻摄影行列创造了条件和机遇。今天，新闻媒体比以往任何时候都更加重视图片在传播中的作用，尤其是新闻报道面临的社会现实日新月异、日趋复杂，新闻摄影工作者必须以专业的视角解析新闻事件和人物，完成采访和拍摄。尤其是具体到自然灾害、军事冲突等复杂事件时，新闻摄影工作者使用无人机航拍能够获得更多样的观察视野，找到更独特的拍摄角度和表达模式，同时可以帮助新闻摄影工作者极大地提高工作效率、降低遇险概率。另一方面则是近年来无人机航拍技术取得了突破性发展，成功地实现了控制经济成本、提高拍摄质量、优化操控性能等一系列科研创新，为无人机航拍进军新闻摄影领域扫清了诸多障碍。目前，深受很多新闻摄影工作者青睐的无人航拍器基本上都是中国制造。以闻名国内外市场的大疆系列无人航拍器为例，零售价格从几千元到几万元不等，基本能够胜任一般新闻摄影的航拍任务。而且，与以往有人驾驶飞机的航拍相比，无人机航拍具有很多优势，操控飞行设备、调整飞行高度、选择拍摄角度十分便捷，还能提供悬停、拍照、录像等多种工作模式。

无人机与新闻摄影结合，再次激发了摄影记者的创作热情，成为摄影记者应对新媒体、新技术挑战，重新挖掘自身价值的有力武器。航拍作品独特的视角造就了视觉感受的新维度，为作品带来常规地面拍摄无法比拟的视角和感官体验，带来了新的审美感受。[①] 无人机摄影新闻报道已成常态化，以新华网为例，在 G20 杭州峰会、博鳌论坛、上海迪士尼乐园开园、世界互联网大会等大型报道中；在江西丰城电厂事故、南方洪灾、江苏盐城龙卷风冰雹等特别重大灾害等突发事件中；在"脱贫攻坚""四季美丽生态""'天空之眼'瞰祖国"等系列主题策划中，记者熟练地运用无人机，题材涵盖经济、科技、文化、扶贫、社会、体育等领域，全年为通稿线路提供照片近 2000 张。

三、无人机在图片类新闻报道中的优势

（一）丰富人物表现力

传统的新闻摄影因为画幅及角度的限制往往会出现人物表现力不足的问题，无人机航拍因其自身灵活的特点，可以用平行角度或垂直角度以及更多新颖角度拍摄

---

① 梁自强. 论无人机航拍与纪录片的影像创意及美学探索 [J]. 电视研究，2016（11）：57–59.

人物，丰富了人物的表现力。通过画面，观众可以看到镜头时而拉近人物，时而飞向高空，多角度展示人物的性格特征。

（二）体现美学价值

辽阔的海域、古朴的村庄、变化的城市、历史悠久的建筑、流传至今的手艺……呈现出一种大气的描述，一种诗意的境界。航拍作品对普通观众来说是一种奇观化的视角，我们平时所经历的许多熟悉的事物，它的外观、形象、空间关系等都会因为无人机航拍时的陌生化视角而产生不同的特征和形象，熟悉的景观和陌生视角的结合必然会带来新鲜、陌生的感官愉悦，陌生的视觉体验也必然会带来非同一般的审美感受，这一系列感官反应的原点，就是无人机航拍技术的发明、应用和不断进步。[①]

（三）"上帝视角"

读图时代，媒介比以往任何时候都更加重视图片在传播中的作用，广大摄影师也面临前所未有的挑战，航拍的本质属性决定了它在呈现大场景时的天然优势。宏大、客观、震撼的"上帝视角"给拍者与受众提供的成就感与视觉新鲜感是强烈并有促进力的。而在技术方面，"大疆创新"发布了一款可折叠的无人机"御"，其不少性能就是针对新闻应用设计的。零度、昊翔、曼塔智能等甚至推出了适合自拍的掌中宝型无人机。无人机便携性的发展方向明确，在将来会越来越适用于新闻摄影。

四、无人机在图片类新闻报道中的缺陷

（一）俯拍经验少

无人机给相机提供了空中平台，却把摄影师留在了地面。由于地面看到的平视景象与监视器里的俯视影像相去甚远。许多摄影师虽然能够熟练操纵无人机，却因不熟悉俯视影像的特点，不能判读地标环境，而无法操纵无人机合理机动捕捉影像。由此，摄影师必须通过搭乘飞行器亲临空中，在飞行训练中积累俯视经验，熟悉俯视影像的特点和平俯影像的转换规律。

（二）技术性缺陷

无人机极易受到气流影响，难以操纵，并且飞行方式轨迹变换缓慢，在短时间内很难根据拍摄要求在空中做出相应的变化。无人驾驶的遥控飞机运用遥感实时无线传输技术，飞行范围要求在操控者目视距离之内，不能进行超视距飞行，它的拍

---

① 梁自强. 论无人机航拍与纪录片的影像创意及美学探索[J]. 电视研究，2016（11）: 57-59.

摄范围主要局限在捕捉高于大型摇臂镜头、低于普通飞机航拍摄像镜头的效果。并且无人机受到速度的限制，极速虽然能够达到约每小时 50 千米，但在这种情况下，航拍镜头抖动也会变得相当厉害。

（三）新闻细节较弱

首先，无人机航拍视野恢宏大气，大场景涵盖内容多但题材易受限，由于缺乏贴近性，传统新闻摄影极其讲究的抵近拍摄、定格瞬间较难实现，使得细节的展示力度较弱。其次，由于无人机自身的拍摄特点，对静态照片的抓取比摄录移动画面影像要难许多，因此对摄影师的操作技术以及艺术造诣都有更高的要求。

五、无人机在图片类新闻报道中的创新性应用

航拍技术除了可以进行影像的摄取外，还可以进行数据的采集。数据新闻是时下的一种新型新闻报道方式，是基于数据的抓取、挖掘、统计、分析和可视化呈现的一种新闻报道方式，数据的收集是数据新闻生产过程中的一个重要环节。航拍技术在拍摄高清图片和高清视频的同时，可以完成拍摄瞬间各项数据指标的采集工作，为地面采写报道的新闻记者提供论证赛事新闻及资讯的详尽数据信息。[①] 目前，中国媒体的可视化手段仍然以静态图表为主，包含的数据量小，互动性差，不过随着无人机新闻实践的发展以及数据挖掘能力的增强，将有力提升新闻报道的交互性，满足大众的多感官需求，为新闻报道带来新的愿景。

---

① 陈小同. 浅谈航拍技术在新闻摄影中的应用 [J]. 新闻研究导刊，2016（23）：286-287.

Chapter 4
第四章

无人机应用原理

第一节　无人机飞控系统

一、飞控系统的起源与流派

飞控又称飞行控制器，是用于在起飞、巡航、降落等阶段辅助或全自主对飞行器的其他系统及元器件起到协同控制的元件。飞控系统对于无人机相当于驾驶员对于有人机的作用，是无人机最核心的技术之一。在过去，玩无人机的人多从事航空、气动、机械行业，他们关心的大都是"如何能使飞机稳定起飞以及如何能使其飞得更快、更高"的问题。而如今，随着科技的进步，无人机正朝着智能化、终端化、集群化的方向发展，且在短短几年的时间由军事应用领域向各行各业辐射。不可否认，无人机近年来的飞速变化离不开飞控技术的迅速发展。

回顾历史，飞控技术的发展分为两大流派、三种起源。

（一）两大流派

飞控技术的发展源于军事。从第一次世界大战、第二次世界大战到伊拉克战争，苏俄和众多欧美国家相继开始了有人飞机的无人化改造以及研制无人机的工作。

1. 苏俄流派

苏俄国家在无人机的控制研究上延续了载人机的技术体系，早期的飞控硬件采用了战斗机的飞控计算机，控制算法采用了分型模态分段辨识、建模、控制的方法。简单来说，即通过吹风洞、机理建模等方法，获得无人机在起飞、悬停、低速、中速、高速、降落等不同飞行状态下的参数，从而为无人机设计不同状态下与之相适的控制器，使得无人机在飞行过程中可以通过切换控制的方式或控制参数的方式来保证其始终处于理想工作状态。

苏俄流派的优势在于：研发的无人机硬件已经过长期飞行验证，且控制算法的系统稳定性具有有效理论证明；劣势在于：硬件笨重且无法预测无人机实际飞行过程中可能经历的所有飞行状态。

2. 欧美流派

与苏俄直接使用战斗机技术体系不同，欧美极具前瞻性地在20世纪中期便开始布局无人机前沿技术的探索和积累，研发了许多无人机专用的飞控硬件和算法。这类项目一般由军工企业牵头，研究所负责演示验证，大学负责理论算法研究，组成的团队经过多年的中小型无人机的试飞试验，最终形成了以嵌入式计算机为硬件核心、以自适应控制为算法的飞控体系。

其实苏俄流派和欧美流派最大的区别在于欧美流派在很大程度上放弃了传统的模态分段控制，而是采取了在线辨识的方式，这样便无须再对不同飞行状态进行建模、参数辨识。也就是说，控制器在无人机飞行过程中自行判断自身所处的状态、参数等，再根据这些信息响应切换不同的控制策略。

欧美流派的优势在于：系统体积小、重量轻，缩短了新型无人机的研发过程，无人机的智能性也得到进一步加强；劣势在于：需要较长时间的理论技术积累，且某种程度上无法保证系统稳定性。

（二）三种起源

1. 固定翼飞控

固定翼飞控是垂直起降无人机最初的技术来源，其实固定翼无人机才算是无人机真正的开山鼻祖，早在100多年前就有人尝试将战斗机加装简单的控制器的方式来完成无人侦察和投弹的工作。

可以发现，无论是载人飞机还是无人机都是固定翼先成熟、垂直起降晚成熟。其原因主要有以下几点：从结构方面看，固定翼飞行器的部件比垂直起降飞行器的部件更精简；从控制方面看，固定翼飞行器属于静稳定系统，而垂直起降无人机属于静不稳定系统。这便意味着垂直起降无人机在运行过程中容不得半点疏忽，其操控员必须时刻调整操纵杆来保证无人机的正常飞行。以上两方面主要指出了垂直起降无人机在控制上的困难，这些问题也让固定翼飞控团队在应对无人机垂直起降飞行时显得束手无策。

2. 开源飞控

开源飞控是当前市场上最时兴的飞控类型，它的出现最初是为了实现欧美"极客""创客"想要自由飞行的梦想。然而，有一些"极客"将各类开源飞控直接商品化，殊不知这种未商品化的"半成品"有着天然的基因缺乏：首先，开源飞控的硬件未经可靠性、规模化验证。开源飞控的硬件多选择那些用于移动终端或其他机器人的消费器件，从而体现系统架构的整体性并将成本控制在较低的水平。其次，开源飞控的软件技术体系资源不足、程序有余。

3. 自研飞控

目前几家知名的无人机公司都是从自研飞控起家的，且基本上都经历了超过10年的技术沉淀。这些团队往往是通过搭建模块来实现无人机的研发的。比如先开发传感器采集、舵机／电机控制，再调试独立通道从航向、转速、定高、俯仰、横滚等让无人机稳定，随后是稳定悬停，最后是航线飞行，可以按照设定航迹点自动飞行，至此完成了"自研飞控"的基本过程。可以发现，自研飞控的过程耗时耗力，不过也正是这一研发过程使得研发人员能够充分了解无人机的硬件和软件，因而后续的开发和改进速度会得到极大提升。

二、飞控系统的主要构成

飞控系统主要由主处理控制器、二次电源、模拟量输入／输出接口、离散量接口、加温电路、机箱等部件组成。

主处理控制器是负责无人机飞行的重要控制部件，它包括通过型处理器（MPU）、微处理器（MCU）、数字信号处理器（DSP）等类型。二次电源是飞控系统的一个关键部件，而飞控系统的二次电源一般为5V、±15V等直流电源电压。模拟量输入接口主要负责将各个传感器输入的模拟量进行信号调整、增益变换，模／数（A/D）转换后递交微处理器进行后续处理；模拟量输出接口负责将数字控制信号转换为可识别的模拟控制信号。离散量接口用于将飞控系统内部及外部的开关量信号转换为与微处理器可兼容的信号。加温电路通常用于工作环境温度超出工业品级温度范围的飞控系统中，从而保证飞控系统的正常运行。飞控系统机箱影响的是飞控系统的可靠性、可维护性以及抵抗恶劣环境的能力。无人机飞控系统硬件如图4-1所示。

三、飞控系统特点解析

目前，无人机越来越广泛地应用于现代军事和民用领域，与早期无人机遥控飞行不同，现在的无人机多采用自主飞行和智能飞行。

图 4-1　无人机飞控系统硬件

可以发现，无人机导航方式的变化对飞控系统的精度提出了更高要求；无人机执行任务的复杂性对飞控系统运算速度提出了更高要求；无人机小型化的发展对飞控系统的功耗提出了更高要求。这里所说的高精度不仅要求计算机的控制精度要高，而且要求其能够运行复杂的控制算法，小型化则要求无人机的体积要小，灵活性要高。

按照功能划分，无人机飞控系统的硬件主要包括主控制模块、信号调理及接口模块、数据采集模块以及舵机驱动模块等。各个功能模块组合在一起，构成完整的飞控系统，而主控制模块则是飞控系统的核心，它与信号调理模块、接口模块和舵机驱动模块相协调。在各个模块的协作下，无人机只需要修改软件和简单改动外围电路便可以满足一系列的飞行控制和飞行管理功能要求，达到一次开发、多型号使用，从而降低系统开发成本的目的。

四、飞控系统的主要功能（以大疆无人机为例）

（一）感知飞行状态

飞控系统主要用于飞行姿态控制和导航。对于飞控而言，首先要知道无人机所处的运行状态，比如三维位置、三维速度、三维加速度、三轴角度和三轴角速度等15个状态。由于多旋翼飞行器本身属于不稳定系统，因此要想实现无人机的稳定悬停和飞行就需要对各个电机的动力不断进行调整和动力分配，而且对于航拍无人机来说，即使最简单的自主悬停动作，也需要飞控持续检测这15个变量，并执行"串级控制"。这样一系列的程序看着似乎非常容易，但事实上涉及的系统内运算其实非常复杂。

飞控系统最大的技术难点便是要准确地感知无人机一系列的飞行状态，这恰恰也是飞控系统专攻的研究方向。目前，无人机一般使用 GPS（全球定位系统）、IMU（惯性测量单元）、气压计和地磁指南针来测量飞行状态，其中，GPS 是获取定位的有效工具；IMU 则用来测量无人机三轴加速度和三轴角速度，从而计算获得速度和位置；气压计用于测量海拔高度；地磁指南针则用于测量航向。

（二）增强视觉传感

当下主流无人机产品都加入了先进的视觉传感器、超声波传感器、IMU 与指南针冗余导航系统等部件，以此来提升无人机的感知能力。

其中，立体视觉系统不仅能根据连续图像计算出物体的三维位置，还能够帮助无人机避障、定位与测速；超声波模块则起到辅助定高的作用；IMU 与指南针冗余导航系统在一个元件受到干扰时，会自动切换至另一个传感器，从而极大地提高组合导航的可靠性。

传感器技术的完美融合助推无人机智能导航系统的产生，这一系统极大地拓展了无人机的活动环境，也提升了无人机的可靠性。采用传统导航系统的无人机在信号弱的场所很难稳定飞行，而采用智能导航系统的无人机却可以通过视觉提升速度和位置测量值的精度，全面提升飞行的稳定性与可靠性。

（三）提升控制性能

飞控系统先进的控制算法提升了无人机飞行和操控的品质，不仅能使高速飞行的无人机动力系统保持优越的运行状态，同时也能保有较高的控制品质和响应速度，而且当无人机处于悬停和慢速状态下也能达到很高的精度。所以，在飞控系统的帮助下，无人机无论是在"运动模式"下高速飞行，还是在慢速作业中"细腻顺滑"地精准控制，都可以兼顾。

除此之外，飞控系统的设计不仅需要考虑无人机正常飞行状态下的控制精度，还需要加强异常飞行状态的控制品质，才能有力提升无人机飞行的安全性。

（四）诊断运行故障

无人机飞行过程中任何微小的故障都有可能引发飞行事故，因此无人机飞控系统通过实时的故障监控与诊断能有效降低事故发生的概率。

飞控系统可以监控无人机的各项飞行状态参数，并通过这些特征信号的变化来感知故障，继而诊断故障。不过这些信号往往较复杂且无明显规律，因而只有通过对大量故障数据进行深度挖掘，建立飞控故障诊断系统，采用模式识别判定故障发生的概率，对故障进行早期预报或进行应急处理，才能使飞行变得更加安全。

五、飞控系统的技术发展趋势

（一）硬件 SoC 化

近两年，片上系统（system on chip，SoC）参与进无人机飞控系统中。飞控 SoC 之所以选择消费级无人机作为突破口，一方面是此类无人机基数大，能带来更低的投入产出比；另一方面，消费级无人机比商用无人机应用环境更理想，对可靠性、平均无故障时间要求更低。可以预见，未来飞控硬件 SoC 化不可阻挡，只不过在消费之外的领域需要更长时间的市场培育和技术迭代的过程，更多的飞控企业应专注于应用层、数据端的技术开发。

（二）软件模块化

硬件 SoC 化后会助推硬件结构的标准化，从而为软件的升级迭代提供了契机。不同传感器处理程序、不同飞行控制算法、不同任务规划模块、不同诊断软件被定义为模块化程序，这些模块化程序通过付费或其他形式形成飞控软件的商业模式，这极大地降低了无人机新功能开发的难度。

（三）系统终端化

未来无人机在各类应用中更像是一个终端设备，飞控作为无人机的核心将在终端化过程中扮演重要角色，无论在消费、农业还是传媒等各领域，飞控都将成为数据终端的关键一环。大量的飞行状态、任务数据、载荷状态都会被记录、回传和分发，用户或其他利益相关方会通过付费等商业模式来获取终端的有用信息。

（四）通信网络化

无人机经历了长时间的发展演化，可以发现，在过去，绝大多数的通信过程都是点对点的直接联系，无论是遥控盒、航模遥控器、便携式电脑地面站，还是手持终端任务管理器进行的都是点对点通信。不过随着美国 GPS 战略的布局，各类无人机可以通过卫星进行终端组网。无人机终端化发展的确给移动运营商带来了商机，他们纷纷推出了面向无人机的移动通信解决方案，这类方案目前采用成熟商用 2G、3G、4G 网络，通过定义套餐、开发贴片 SIM 卡组件、定制天线等方式，使无人机作为终端接入商用网络。这类方案尽管还存在网络不稳定、覆盖区域不全等因素，但随着无人机数据价值的增加、移动通信技术的高速发展以及无人机管控压力的增大，在不久的将来，借助运营商的飞控网络化趋势不可阻挡。

（五）数据可视化

在大数据时代，原始数据的重要性毋庸置疑。"无人机 + 大数据"的发展模式备受关注，但由于终端化刚起步、网络化未完全落地、数据来源少等问题的存在，无人机的大数据时代似乎还在路上。无人机数据与其他大数据的最大区别在于行业垂直度深，在不考虑消费娱乐应用的前提下，无人机的应用领域十分广泛，而且每一种都有其已有的、较深壁垒的行业模式。未来，无人机发展过程中不应空泛强调大数据的意义，而应通过飞控的数据搜集能力获取有效信息进行分析，为行业提供富有价值的可视化数据，直接服务于行业。

第二节　无人机飞行与遥感原理

一、无人机飞行原理

多旋翼飞行器通过调节不同电机的转速来改变螺旋桨转速，从而实现升力的改变，进而达到控制飞行姿态的目的。以四旋翼飞行器为例，其飞行原理如图4-2所示。电机1和电机3逆时针旋转的同时，电机2和电机4顺时针旋转，此时飞行器平衡飞行，陀螺效应和空气扭矩效应被完全抵消。与传统的直升机相比，四旋翼飞行器由于各个旋翼对机身所产生的反扭矩与旋翼的旋转方向相反，因此当电机1和电机3逆时针旋转时，电机2和电机4顺时针旋转，可以平衡旋翼对机身的反扭矩，所以多旋翼飞行器在空中更具稳定性。

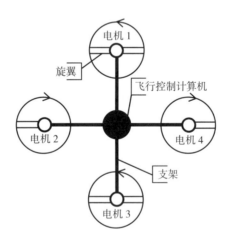

图4-2　四旋翼飞行器飞行原理

多旋翼飞行器可以通过调节电机的转速来实现六个方向上的运动，分别为：垂直运动、俯仰运动、横滚运动、偏航运动、前后运动、侧向运动。

（一）垂直运动（升降控制）

如图 4-3 所示，当两对电机转向相反时，可以平衡其对机身的反扭矩，与此同时增加四个电机的输出功率，旋翼转速增加能增强总的垂直向上的拉力，当总拉力大于整机的重量时，四旋翼飞行器便离地垂直升起；反之，同时减小四个电机的输出功率，四旋翼飞行器则垂直下降，直至平衡落地，实现了沿 Z 轴的垂直运动。当外界扰动量为 0，旋翼产生的升力与飞行器的自重平衡时，飞行器便保持悬停状态。所以不难发现，保证四个旋翼转速同步提升或放缓是垂直运动的关键。

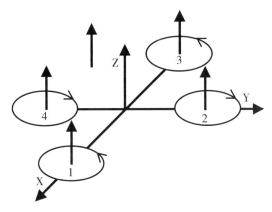

图 4-3　垂直运动

（二）俯仰运动（前后控制）

如图 4-4 所示，电机 1 的转速上升，电机 3 的转速下降，电机 2、电机 4 的转速保持不变。为了不因为旋翼转速的改变引起四旋翼飞行器整体扭矩及总拉力改变，旋翼 1 与旋翼 3 转速改变量的大小应相等。由于旋翼 1 的升力上升，旋翼 3 的升力下降，电机 3 的转速上升，机身便绕 Y 轴向另一个方向旋转，实现飞行器的俯仰运动。

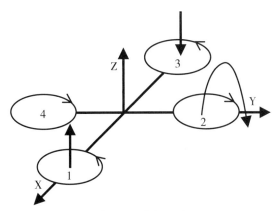

图 4-4　俯仰运动

（三）横滚运动（左右控制）

与图4-4的俯仰运动原理相似，改变电机2和电机4的转速，保持电机1和电机3的转速不变，便可以使机身绕X轴方向旋转，从而实现飞行器横滚运动（见图4-5）。

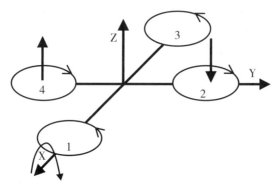

图 4-5 横滚运动

（四）偏航运动（旋转控制）

旋翼转动过程中由于空气阻力作用会形成与转动方向相反的反扭矩，为了克服反扭矩带来的影响，可使四个旋翼中的两个正转、两个反转，且对角线上的各个旋翼转动方向相同。反扭矩的大小与旋翼转速有关，当四个电机转速相同时，四个旋翼产生的反扭矩相互平衡，四旋翼飞行器不发生转动；当四个电机转速不完全相同时，不平衡的反扭矩会引起四旋翼飞行器转动。如图4-6所示，当电机1和电机3的转速上升，电机2和电机4的转速下降时，旋翼1和旋翼3对机身的反扭矩大于旋翼2和旋翼4对机身的反扭矩，机身便在富余反扭矩的作用下绕轴转动，实现飞行器的偏航运动，转向与电机1、电机3的转向相反。

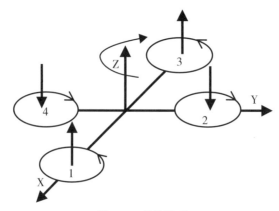

图 4-6 偏航运动

（五）前后运动

要想实现飞行器在水平面内前后、左右的运动，必须在水平面内对飞行器施加一定的力。如图 4-7 所示，增加电机 3 的转速，使拉力增大，相应减小电机 1 的转速，使拉力减小，同时保持其他两个电机转速不变，反扭矩仍然保持平衡。如图 4-4 所呈现的那样，飞行器首先发生一定程度的倾斜，从而使旋翼拉力产生水平分量，因此可以实现飞行器的前飞运动。向后飞行与向前飞行正好相反。

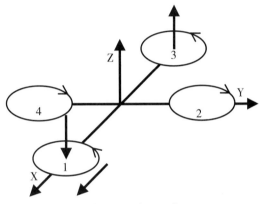

图 4-7　前后运动

（六）侧向运动

与图 4-7 的前后运动原理相同，如图 4-8 所示，改变电机 2 和电机 4 的转速，保持电机 1 和电机 3 的转速不变，便可以使机身在水平面左右移动，即实现飞行器的侧向运动。

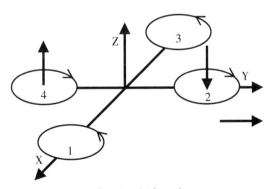

图 4-8　侧向运动

二、四旋翼飞行器飞行模式（以大疆无人机为例）

大疆四旋翼飞行器采用的是 X 飞行模式。X 飞行模式最大的特点是灵活性高，X 的开口方向便于安放镜头，不会使得机翼遮挡镜头（见图 4-9）。

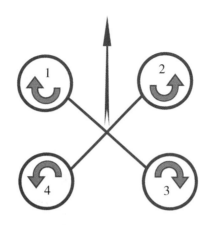

图 4-9　X 飞行模式

四旋翼无人机飞行时，电机 1 和电机 3 做顺时针旋转，电机 2 和电机 4 做逆时针旋转，同时也能做诸如垂直上升、前进和后退、侧面飞行、机头旋转等各种运动。具体如下所述。

垂直上升运动：当四个电机同时增加输出功率时，向上的拉力增加，飞机垂直上升；反之，当四个电机同时减少输出功率时，向上的拉力减小，飞机垂直下降；当上升拉力与飞机自重相等时，飞机处于悬停状态。

前进和后退运动：电机 3 和电机 4 输出功率增加，电机 1 和电机 2 输出功率不变。飞机向前飞行，此时飞机的姿态是电机 3 和电机 4 平面高于电机 1 和电机 2 平面；飞机后退飞行，此时飞机的姿态是电机 3 和电机 4 平面低于电机 1 和电机 2 平面。如图 4-10 所示。

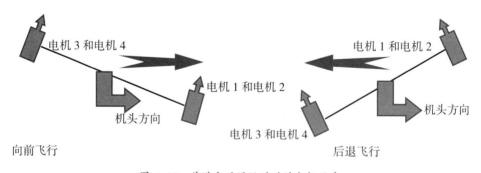

图 4-10　前进和后退运动时的电机示意

侧面飞行：电机 1 和电机 4 输出功率增加，电机 2 和电机 3 输出功率不变，飞机向右飞行；电机 2 和电机 3 输出功率增加，电机 1 和电机 4 输出功率不变，飞机向左飞行。侧面飞行时的机体也会产生如同前飞、后飞一样的姿态变化。

机头旋转：旋翼转动会产生与转动方向相反的扭矩，为了克服扭矩产生的影响，四个旋翼中两个会进行正转、两个反转，使四个旋翼产生的扭矩平衡，四旋翼飞行器便不易发生转动，这也正是四旋翼飞行器能保持较长时间稳定的主要原因。而机头转动其实就是利用扭矩的结果，在电机1和电机3增加输出功率（转速增加）、电机2和电机4减小输出功率时（转速下降），由于扭矩的作用，机头会向左偏；反之，机头向右偏。打个比方，机头的偏转其实就像汽车方向盘的转动，能决定无人机飞行的方向。

三、无人机遥感技术原理分析

无人机遥感传感器通常会根据不同类型的遥感任务，使用适配的机载遥感设备，且使用的遥感传感器通常具备数字化、小体积、高精度、优性能等特点。除此之外，无人机遥感技术具有更新、修正和升级地质环境信息和 GIS 数据库的功能。

（一）遥感传感器数据处理技术解析

无人机遥感传感器具有的影像自动识别和快速拼接软件，可以实现影像质量、飞行质量的检查以及数据的快速处理，以满足整套飞行系统对于实时、快速的技术要求。不过，无论是小型数字相机还是目前无人机遥感系统最常使用的机载遥感设备，都存在像幅较小、影像数量多等问题，需针对其遥感影像的特点开发相应的软件进行交互式处理，弥补遥感设备的这些缺陷。

（二）无人遥感技术实用性

遥感无人机有固定翼型无人机、遥感无人机两种类型，无论哪种类型的无人机都有其自身的功能实用性。固定翼型无人机的动力系统可以实现机身的顺利起降和飞行，抗风能力也比较强，这一类型的无人机能同时搭载多种遥感传感器。不过，固定翼型无人机的起降需要比较空旷的场地，这一点对固定翼型无人机的运行环境提出了更高的要求。遥感无人机则弥补了这一技术劣势，特别是四旋翼遥感无人机能够定点起飞、降落，对起降场地的条件要求不高，其飞行也是通过无线电遥控配合计算机飞控系统实现远程控制，实现更为稳定高效的飞行。同时，该类型无人机也更适合应用于突发事件的调查，如山体滑坡勘查、火灾环境监测、重要新闻报道等，着力为用户提供更新的画面资料。

（三）无人遥感飞行器技术优势

无人遥感飞行器的技术优势在于可定点起飞、降落，其飞行通过无线电或机载计算机进行远程控制。不过，无人遥感飞行器的结构相对来说比较复杂，也具有一定的操控难度，所以应用范围会受到一定的限制，主要应用于突发性事件的调查，如地震区环境监测、爆炸现场勘测等领域。

（四）遥感无人机应用领域

拍摄低空大比例尺图像，可用于环境监测。例如，通过遥感无人机对垃圾分类场所进行分类异常勘测，可以快速聚焦垃圾分类政策未被有效执行的区域。

调查自然灾害情况。例如，利用遥感无人机的正射影像处理与分析技术评估郑州水灾对房屋以及公共设施造成的损失。在这类发生自然灾害的场景中，无人机遥感技术具有的快速反应能力，能为灾后治理提供及时、准确的数据。

遥感技术的发展拓宽了无人机的应用领域，无人机的触角逐渐从普通的环境监测领域向经济建设和文化事业领域拓展。

第三节　无人机发展面临的困境

一、无人机运行成本高

市场中无人机的定价低则数千元高则上万元，且无人机大都不是单打独斗，其往往都需要搭载高端相机或摄像机进行协作作业，因此完整的一架无人机的成本就变得十分高昂。而事实上，这样的高成本会导致无人机运行一旦出现失误，其所有者便会蒙受巨大的损失。在生活中，无人机坠毁事件层出不穷，有不少无人机所有者只见无人机升起却再也无法让它飞回，这些"失散"的无人机或是坠入海中或是消失在丛林里，最终所有的损失都将由无人机所有者承担。

可见，无人机的运行成本非常高，尤其是其飞行活动的高风险一定程度上会提高成本损失的风险性。

二、无人机续航时间短

续航时间短是无人机面临的又一困境。目前，市场上无人机的续航时间基本上都在30分钟上下浮动，这便导致较长时间的拍摄活动很难持续，将极大地限制无人机的应用范围，也给无人机使用者造成了一定的困扰。

事实上，无人机存在续航瓶颈是有因可循的：无人机在升空的过程中需要不断地克服自身重力，并托起自身重量，这样一个垂直方向的力量将耗费无人机大量的动力；同时，无人机在水平方向上飞行时也需要不断克服阻力，这同样需要耗费许多动力。所以，无人机飞行过程耗费的能量是惊人的，这也解释了为何无人机的电池很难助力其进行长时间飞行。

第四节 气象与无人机飞行

一、气象与飞行环境

无人机的飞行环境分为大气环境和空间环境,大气环境是无人机最重要的飞行环境,无人机往往需要借助空气产生的升力来平衡地心引力,并借助发动机的推力来平衡空气阻力。而空间环境也是无人机的重要飞行环境,空间环境的复杂与否关乎飞行效果的优劣。

(一)大气成分

大气成分是指包围着地球的外部空气圈,由干洁空气、水汽和大气杂质等元素构成。

1. 二氧化碳与臭氧

干洁空气中存在多种成分,其中,二氧化碳和臭氧对天气的影响最大。二氧化碳主要来源于有机物的燃烧(或腐化)、工业生产排放的废气和动植物的呼吸。多分布于 20 千米以下人口稠密的大城市,而且二氧化碳含量阴天会多于晴天、夜间会多于白天、冬季会多于夏季。不过二氧化碳不能直接吸收太阳短波辐射,只会大量吸收地面的长波辐射,这样会使地面上的热量不至于向外层空间大量散发,对地球起到了保温作用,从而产生温室效应。

臭氧是氧分子在波长为 0.1 ~ 0.24 微米的太阳紫外线辐射下分解成氧原子,氧原子与氧分子结合而形成的。臭氧主要分布在 10 ~ 50 千米范围内。臭氧层会通过吸收太阳紫外线而增温,同时也使地球生物免受强烈紫外线的伤害。

2. 水汽

水汽是来源于江、河、湖、海、地表和潮湿物体表面的水分蒸发,它分布在离地 1.5 ~ 2 千米高度上,水汽含量约为地面的一半,5 千米高度上的水汽含量则更加稀少,仅为地面的十分之一。水汽的重要性不言而喻,不仅是成云致雨的基础因素,而且还是传输热量,释放热能的关键要素。

3. 大气杂质

大气杂质来源于物质燃烧的灰粉、海水飞沫蒸发后的盐粒、大风扬起的灰尘等。它的存在会影响空气能见度和体感温度,同时也能够在云、雾、降水等形成过程中起到凝结核的作用。

（二）大气的组成及标准大气

1. 大气的组成

众所周知，大气的温度随高度而变化，根据气温的垂直分布特点可以将大气分为对流层、平流层、中间层、暖层和散逸层等五层。其中，对流层和平流层对飞行的影响较大。

（1）对流层

对流层紧贴地面，十分容易受到地面的影响。地面附近的空气受热上升后，本位于上方的冷空气就会下沉，于是便发生了对流运动，所以把这层叫作对流层。对流层的气温随高度增加而降低，而且对流层中的风向、风速变幻莫测，空气上下对流十分激烈，因此该大气层对无人机甚至是民航飞机都会产生极大的影响。无人机在飞行前要了解飞行当日的天气状况，做好预判；在飞行中要注意天气变化，时刻准备应对突发状况；在飞行后要对飞行状况进行归纳总结，避免之后的飞行过程出现差错。

（2）平流层

平流层位于对流层顶部到约 55 千米这段范围内。在平流层下半部，气温随高度增高变化不大，不过到其上半部，气温随高度增加极速升高，直到平流层顶部，温度已升至 0℃左右。整个平流层大气运动平稳，几乎没有垂直运动，且由于该层水汽、尘埃含量少，天气变得晴朗，大气透明度也保持绝佳状态。在平流层，飞行阻力十分小，有利于大型飞机飞行，但是它会使发动机效率降低，导致飞机的反应过程变得迟缓。

2. 标准大气

为了准确描述无人机的飞行性能，需建立统一的标准，叫作标准大气。标准大气的特性是随高度分布最接近实际大气的大气模式。国标标准大气规定大气被看作完全气体，服从气体状态方程。

二、与无人机有关的航空气象

最直接影响飞机操作和飞航安全的航空气象因素大致有风、云、能见度、温度、气压、降水和其他显著危害天气，如结冰、雷暴雨、浓雾等。

（一）大风

大风天气影响无人机的飞行动力与方向。

无人机作为一种悬空飞行的器材，大风天气会对其产生较为显著的影响。在大风天，无人机受到的阻力相较于平常将激增数倍，这会使得一些小型无人机力量失衡而发生坠机。除此之外，在风力的作用下无人机的方向变得不可控，一旦强风袭来，无人机便会发生偏航，可能就无法完成预期飞行任务。

（二）降水

降水天气影响无人机的内在设备。

无人机作为一种科技产品，内部存储有各种软硬件，而降水的出现无疑会影响无人机内在元件的功能。当下，由于技术的局限性，防水元件还无法得到百分百普及，因而无人机内部势必存在部分不防水元件，而这些元件一旦进水，无人机在飞行过程中就有可能产生失误。

（三）浓雾

浓雾天气影响无人机的运行效果。

浓雾天气下，空气的能见度低，无人机透过重重迷雾拍摄真实世界的难度可谓骤增。无人机原本是希望从更高的角度窥见更大范围的环境，而大雾下的无人机俨然只能从高空看到团团白雾，其所具有的监测环境、直击现场的功能也不复存在。

第五章

无人机拍摄器材

近年来，国内外无人机消费市场火热，普通民众对无人机的认可程度和需求度逐渐攀升。随着技术的发展，无人机拍摄器材也在不断完善，不同的无人机拍摄器材也有不同的适用人群。本章主要介绍几种无人机的拍摄器材，并结合案例探讨无人机的发展状况，进而提出一些建议，以使读者能更深入地了解无人机的拍摄器材。

第一节　云台

一、什么是云台

（一）云台的定义

云台是指安装、固定相机 / 摄像机的支撑设备，分为固定云台和电动云台两种。众所周知，拍照对稳定性有极高的要求，云台的主要作用就是用来提供"稳定"的。

（二）云台的分类

1. 固定云台

固定云台（见图 5-1）主要是垂直面向地面拍摄，没有运动补偿等稳定画面的装置，一般的军用固定翼无人飞机大多采用的是固定式航拍云台。

在消费级无人机刚面世时，所采用的航拍云台大多也是固定式云台，比如大疆公司的 Phantom 1 等产品，采用的就是固定式的设计，将相机与飞行器固定在一起，通过调整飞机的角度，从而调整航拍时的视角。

图 5-1 固定云台

固定式的云台虽然成本低廉、重量较轻且飞行时间长，但是它的航拍画质较差并且无法改变视角。

2. 电动云台

电动云台（见图 5-2）即通过电动机精确地调整摄像机定位，在控制信号的作用下，云台上的摄像机既可自动扫描监视区域，也可在人工的操纵下跟踪监视对象。

图 5-2 电动云台

目前，电动云台包括两轴云台和三轴云台。三轴云台能够进行影像的稳定弥补，比如在无人机上，三轴云台就能够对无人机在前进、后退时飞机姿态的变化进行影像稳定弥补，这在主流航拍无人机上比较常见，比如大疆公司的 Phantom 3。

三轴云台能够全方位稳定航拍时的画面，以保证画面清晰稳定，但是由于工程造价较贵，再加上需要电机控制，所以会相对比较耗电，从而降低航拍的续航时间。

两轴云台是三轴云台的简单版，定位低端，它省去了垂直方向上的稳定补偿，这不仅能够降低成本，而且会减少耗电，大疆公司 Phantom 2 用的就是两轴云台。

3. 手持云台

手持云台（见图 5-3）是指把无人机自动稳定协调系统转移到手持拍摄设备上来，以实现拍摄过程中的自动稳定平衡。

图 5-3　手持云台

也就是说，如果用手持云台搭配运动相机或者手机来拍摄，是可以随意走动拍摄的，甚至是可以跑动拍摄的。手持云台可以自动修正手部产生的动态颤抖（即手前倾 10°，云台会自动后倾 10°），从而保证拍摄画面的稳定平衡。

4. 无刷云台

无刷云台（见图 5-4）是指运用云台底部姿态传感器将姿态读出，再对比飞控或云台主控传感器的姿态角，以得出各个轴需要修正的角度，通过输出 PWM 信号，使无刷电机迅速做出修正动作，以使相机时刻保持水平（默认水平轴，初始无主观倾斜）。

图 5-4　无刷云台

2012 年 9 月，DJI 发布了第一款三轴无刷云台 z15，它不仅开启了国内航拍无刷云台的新篇章，也奠定了一个行业新标杆。直到现在，市面上的大多三轴无刷云台，基本上都有它的影子。不过，当时航拍还不是很火爆，所以并没有太多人关注它的发布，其前期销量也一般。不过到了 2013 年 10 月，随着电视综艺《爸爸去哪儿》第一季的播出，s800 搭载 z15-5n，以其出色的稳定性、航拍成本的廉价性，迅速成了模型界、影视界热议的话题，自此，航拍无刷云台的概念与其实用性便开始深入人心。如果视频要求不高，一套普通的三轴云台加上一台 1080p 的相机，就能基本满足普通级别的航拍。

（1）无刷云台的闭环控制与开环控制

闭环控制是根据控制对象输出反馈来进行校正的控制方式，当实际测量与计划发生偏差时，它能按定额或标准来进行纠正。云台电机是带反馈的，可以将实际输出的信息及时反馈给控制系统，从而进行更加精准的控制。

闭环控制支持一键复位，它能迅速找到自己相对偏移位置，并进行精准修正，即使是在运动过程中，锁定也会非常精准，飞航线时，也不会出现轻微左右的晃动。闭环控制可以进行动态 PID 调节，随时反馈出实时的角度偏移，对于不同的偏移角度，可以输出不同的 P 值。由于 PID 是动态的，所以 DJI 手持云台会有 ST 模式，分为跟随速度、死区、速度。所谓死区，即在可以设置跟随的模式下，在手轻微晃动偏移某个角度的时候不能做修正补偿，必须依赖精准角度反馈传感器。

但是，闭环控制成本比较高，因为传感器位置一旦发生偏移，就必须重新标定，这就需要专人来维护。所以，闭环控制的云台，尤其是电机部分，切勿自己拆开。

相比闭环控制，开环控制不支持一键复位，它是指无反馈信息的系统控制方式。当操作者启动系统，使之进入运行状态后，系统将操作者的指令一次性输向受控对象，此后，操作者对受控对象的变化便不能做进一步的控制。另外，开环控制不能进行动态 PID 调节，而手动调节可能会导致精准度不高。

动态 PID 是指一套接近全智能的电子神经网络，它由一系列数组组成，与感度呈现的是线性关系。闭源和开源是不一样的，它们需要严格的建模模拟。云台和飞控的电机需要在软件里面建好一台模型，以模拟在不同工作状态下所表现出来的不同性能。商业产品在设计研发时考虑的因素比较多，研发时有一套非常复杂的矩阵或者数学公式，然后与先前的 PID 矩阵相乘又能达到一个范围值，而这个范围就是模拟出的各种不同的工作环境。

（2）闭环电机编码器

闭环电机编码器主要分为两种，增量型编码器和绝对值型编码器。相较于绝对值型编码器，增量型编码器需要校准，启动后需要回归中位校准。例如，启动打印机时需要运行一段时间，这就是增量型控制，在进行一系列的校准后，就可以待命。绝对值型闭环电机编码器对传感器的要求非常高，每一个角度都有一个独特的编码，它可直接启动，不需要校准，而且精度更高。

比如大疆无人机的精灵和悟系列，开启的时候云台会先进行一系列自检，这个过程就是在校准编码器从最低值到最高值，再回中、锁定（另外，该过程也是在同步校准云台上的惯性测量单元 IMU）。

二、什么是手持云台（以大疆 OSMO Mobile 手持云台为例）

手持云台是把无人机自动稳定协调系统的技术转移到手持拍摄上来，实现拍摄过程中的自动稳定平衡。

2016 年 9 月，大疆公司发布了 OSMO Mobile 手持云台，深受人们的喜爱，无论是普通大众或是网红主播甚至是两会记者都在使用这款产品。

随着智能手机的普及，用户可以随时随地进行拍摄，但相较于拍照功能，其摄像功能往往比较"鸡肋"，不论手机的镜头如何升级，始终都无法解决视频抖动的问题。因此，OSMO Mobile 手持云台应需而生。

OSMO Mobile 手持云台是大疆公司的创新产品，是一款比较成熟的产品，它不仅在视频增稳方面表现得非常突出，而且还根据不同的应用需求推出了人脸跟随、支持直播、美图、延时摄影、移动延时摄影、全景拍摄等功能。

由于 OSMO Mobile 手持云台推出前市场上并没有类似的产品，所以 OSMO Mobile 手持云台一经推出就销售火爆且供不应求。

第二节　多旋翼无人机

一、什么是多旋翼无人机

（一）多旋翼无人机的定义

多旋翼无人机是一种具有三个及以上旋翼轴的特殊的无人驾驶旋翼飞行器。

通常来说，常见飞行器分为固定翼、直升机和多旋翼（四旋翼最为主流）。在 2010 年之前，固定翼无人机和直升机无论是在航拍还是在航模运动领域，基本上都占据绝对主流的地位。然而，在之后的几年中，因优良的操控性能，多旋翼无人机迅速成为航拍和航模运动领域的新星，但多旋翼无人机需要专业人员调试或装配飞机。

2012 年年底，大疆公司推出四旋翼一体机——小精灵（Phantom）。因该产品极大地降低了航拍的难度和成本，收获了广大的消费群体，迄今一直热销。在之后的两年间，有关多旋翼无人机相关创意、技术、产品、应用和投资等新闻层出不穷。目前，多旋翼无人机已成为微小型无人机或航模的主流。比如在 2015 年的中国国际模型博览会和农业展览会上，多旋翼无人机的身影随处可见。随着开源飞控社区的推动、专业人才的不断涌入，以及资本的投入等多种因素的推动下，多旋翼技术得到迅猛发展。

（二）多旋翼产品的分类

目前，多旋翼产品一般分半自主控制方式和全自主控制方式。半自主控制方式是指自动驾驶仪的控制算法能够保持多旋翼飞行器的姿态稳定（或定点），但飞行器还需要人员遥控操纵。在这种控制方式下，多旋翼飞行器属于航模。全自主控制方式是指自动驾驶仪的控制算法能够完成多旋翼飞行器航路点到航路点的位置控制以及自动起降等。在这种控制方式下，多旋翼飞行器属于无人机，而地面人员会进行任务级的规划。作为无人机，多旋翼飞行器可以在无人驾驶的条件下完成复杂的空中飞行任务和搭载各种负载任务，被看作"空中机器人"。

二、多旋翼技术的优势

我们以目前电动的固定翼无人机、直升机和多旋翼无人机为例来比较它们的用户体验。

（一）在操控性方面，多旋翼无人机的操控最为简单

多旋翼无人机不需要跑道便可以垂直起降，起飞后可在空中悬停。它的操控原理简单，操控器四个遥感对应飞行器的前后、左右、上下和偏航方向的运动。在自动驾驶仪方面，多旋翼无人机自动驾驶仪控制方法简单，控制器参数调节也很简单。相对而言，学习固定翼无人机和直升机的飞行不是一件简单的事情。固定翼无人机飞行场地要求开阔，而直升机飞行过程中会产生通道间耦合，自动驾驶仪控制器设计和控制器调节也较为困难。

（二）在可靠性方面，多旋翼无人机的表现最为出色

若仅考虑机械的可靠性，多旋翼无人机没有活动部件，所以它的可靠性基本上取决于无刷电机的可靠性，因此可靠性较高。相对而言，固定翼无人机和直升机有活动的机械连接部件，飞行过程中会产生磨损，导致可靠性下降。而且多旋翼无人机能够悬停，飞行范围受控，相对固定翼无人机更安全。

（三）在勤务性方面，多旋翼无人机的勤务性最高

多旋翼无人机结构简单，若电机、电子调速器、电池、桨和机架损坏，很容易替换。而固定翼无人机和直升机零件比较多，安装也需要技巧，相对比较麻烦。

操控性和飞机结构与飞行原理有关，这是很难改变的。但在可靠性和勤务性方面，多旋翼无人机始终具备优势。之后，随着电池能量密度的提升、材料的轻型化和机载设备的小型化，多旋翼无人机的优势将进一步凸显。因此，多旋翼无人机更受欢迎。

三、多旋翼无人机的发展瓶颈

螺旋桨及时改变速度，能调整力和力矩，从而影响多旋翼无人机的运动和结构，但该方式不适合更大尺寸的多旋翼无人机。主要原因有以下几点。

第一，桨叶尺寸越大，螺旋桨速度越难迅速改变。因此，多旋翼无人机在控制桨叶尺寸的同时，需要通过改变桨距离来维持升力。

第二，螺旋桨需要兼顾刚性和柔性，从而在保证机体载重能力的同时尽可能避免螺旋桨因上下振动导致的折断。因此，可以采用容许桨叶在旋转过程中上下运动的铰链来减少桨叶疲劳。如果要加大载重，多旋翼无人机也需要增加活动部件或加入涵道和整流片，这相当于一个多旋翼无人机含有多个直升机结构。然而这样多旋翼无人机的可靠性和稳定性就会急剧下降，优势变得不太明显。此外，还有另一种增加多旋翼无人机载重的可行方案便是增加桨叶数量，增至 18 个桨叶或 32 个桨叶，但这种方式会极大地降低多旋翼无人机的可靠性、稳定性和续航能力。

四、多旋翼无人机的风险问题

不同产品可容忍的最低指标是不同的，风险也不相同，例如，个人电脑死机并不会给用户带来太多的损失，重启电脑即可。然而，如果多旋翼无人机坠机，那么损失就会巨大，进而会造成一系列不良的后果。

首先是人身安全问题。虽然多旋翼无人机正朝着轻量化的方向发展，但在搭载了各种设备之后，其自身重量必然会大幅增加，这就很可能在坠机时砸伤甚至是砸死人。

其次是财产安全问题。多旋翼无人机不同于航模，它搭载着各种精密昂贵的传感器设备，它们有的价值百万元甚至更高。面对如此精贵的"测绘装备"，多旋翼无人机的操控人员更需要专业的技术和更高的心理素质。

最后是道德和舆论风险问题。多旋翼无人机砸伤、砸死人，公共安全或隐私等问题很可能引起媒体的大量报道，这无疑会对多旋翼无人机的发展造成较大阻力。目前，多旋翼无人机的风险已在上升。2015 年 1 月 29 日，无人机闯入白宫，紧接着在 2015 年 4 月 24 日，另一架无人机又在日本首相官邸坠落。

（一）多旋翼无人机生产和设计厂商在减轻飞行器风险方面的措施

对于多旋翼无人机生产和设计厂商来说，有效减轻飞行器的风险，需做到以下几点。

第一，提高飞行器自身的安全可靠性。

硬件方面，购买质量有保证的元器件；软件方面，则需要进行大量的测试和考虑安全保护措施。另外，相关人员不仅需要掌握飞控方面的核心技术，也需要具备开发能力。

第二，减少飞行器下降带来的冲击。

减轻重量是最有效的方法，随着设备的小型化和材料的轻型化，多旋翼无人机的重量将会减轻。另外，多旋翼无人机装载降落伞也是一个很好的选择。

第三，为飞机编写 ID 号（飞机编号）。

每架多旋翼无人机也需要有个 ID 号，这就像车辆需要有车牌号一样，这样可有效减少不法人员滥用多旋翼无人机。

第四，设置禁飞区。

不要在人口密集区飞行。在人口密集区域，坠机的负面影响会大大增加，所以，除非特批，无人机不能在人口密集区域飞行。若要在人口稀少地带飞行，操作人员可以采用与运营商联动的方式，通过短信群发功能通知周边人员，以提高安全系数。

第五，防欺骗和入侵。

多旋翼无人机在飞行过程中可能被盗或发生数据泄漏，进而引发安全事故。例如，2012 年，得克萨斯大学某一研究团队告知美国国会，他们可以利用商店买来的GPS 设备入侵价值 8 万美元的无人机系统内部。为了防止类似情况的发生，多旋翼无人机需要更安全的设计，包括通信链路加密、防病毒设计等。

（二）多旋翼无人机运营厂商在减轻飞行器风险方面的措施

对于多旋翼无人机运营厂商来说，有效减轻飞行器的风险，需做到以下几点。

第一，培养合格的、专业的多旋翼无人机飞控手。

在敏感区域飞行或飞行器重量超过一定的限制时，需要持证上岗。

第二，办理保险。

未来购买多旋翼无人机应该像购买汽车一样缴纳强制险以减少自身风险，尤其当多旋翼无人机搭载了十分昂贵的设备时。

第三，限制飞行器飞行范围。

五、多旋翼无人机的未来发展

以下从需求、方案、技术三个角度入手分析多旋翼无人机未来的发展。

需求创新不仅需要把握用户的需求，还要综合考虑方案和技术的可行性。需求创新又会带来新的问题，这样会形成产品和方案的差异性。新的问题带来新的设计，促进新技术的开发与集成，从而形成门槛。

方案创新需要广阔的知识面和对专业技术的把握。

技术创新需要拥有很强的专业知识，这一方面的难度主要是改善多旋翼无人机的某些性能。行业内每个细分领域都会带来新的需求和问题，如果多旋翼无人机与其他设备组合，就会不断形成新的应用。另外，应该对用户进行细分，来挖掘不同用户的新需求。

随着国内外相关政策的不断完善，多旋翼无人机行业也将变得更加规范。因此，这些标准会刺激用户购买欲望，从而进一步扩大需求。

目前，玩具、教育、可穿戴四旋翼无人机以及农业无人机等热门领域具有广大的消费市场。生产厂商需要不断增加研发投入以保障多旋翼无人机不断更新品质。也就是说，多旋翼无人机的消费市场广阔，厂家可以赚取更多的利润，从而不断提升产品的质量。

第三节　无人机的选择

一、飞控的选择

衡量飞控的"好坏"主要考虑四个方面：适配、稳定、功能和服务。

（一）适配

目前，在无人机市场上，拥有独立飞控技术的厂商少之又少，多数厂家走的是一条先设计、研发、生产机体，再采购成熟飞控，最后开拓市场渠道的道路。然而，不同厂商的设计思路不同，它们针对不同的用户、不同的适应场景所制造出来的飞行器机体也就千差万别，从单旋翼到多旋翼、从四轴到八轴、从开放式到涵道式、从油动到电动等。因此，不同企业都在根据自身的产品特点与定位完成零配件与飞控系统的适配，适配的成熟度直接决定了产品的稳定性与可靠性。

（二）稳定

判断飞控稳定性和可靠性的方法有三种。一看公司产能，公司年产至少达到1000套，各类工艺流程、质量管理、测试体系才能基本走通、健全；二看器件筛选，工业级以上的产品尤其需要器件筛选，需要考察公司器件筛选的流程、筛选率等，以确定基础器件的稳定；三看测试环境，飞控产品属于零容忍故障的产品，所以至少需要经历模块级测试、产品级测试、系统级测试。虽然产品形态是飞控，但必须要经过整机安装后的飞行测试再拆装复原才能出厂。

（三）功能

目前，飞控技术还不完全成熟，炸机率还处于 3% ～ 20% 的较高水平，但对飞控技术的追求从未停歇。一般来讲，由于丰富的生态，开源飞控外在功能性需求响应较快；而自研飞控对于功能性定制更深入，对于系统性功能需求的开发周期更短。目前，飞控除了基本飞行功能外，主要功能还包括以下方面：

（1）高精度定位及控制。

（2）自动跟踪地势变化，该功能主要用在农田喷洒上。

（3）自动避障功能，也就是保证飞行过程中不对飞行器造成伤害。

（4）飞行规划定制，客户可以在使用过程中定义 A—B 点飞行、指定区域覆盖飞行、飞行任务中断续飞等。

（5）手持终端任务规划与监控，通过手机、平板电脑、笔记本等设备下达飞行任务并实时任务监控。

（6）远程监控及分析，通过移动运营商网络在远程异地对飞行过程进行监控并分析运行状态及故障。

（四）服务

服务也是判断飞控好坏的一个关键词，尤其对于 B 端客户来说。以农业植保应用为例，农田施药的作业季在 3—10 月，而旺季主要集中在 5—8 月，需要高强度、大负荷、不间断作业，这对于温差大、湿度大、环境复杂的农业植保来说，就容易出现各类故障。优质的服务需要 7×24 小时提供不间断的技术支持、配件更新、调试指导，才能让使用者最大限度地减小损失、获取效益，然而这些专业的服务目前只有飞控生产厂商做得最好。

二、相机的选择

在航拍无人机中，所有的部件可以说都是围绕着相机工作，而相机的好坏直接决定了拍摄出的图片和视频的质量高低，因此对于航拍无人机所配备的相机选择是非常重要的。

（一）可更换式

当前航拍无人机主流市场采用的是可更换式云台，可以用厂家自己推出的航拍相机，也可以用第三方如 GoPro Hero4 等画质较为出色的运动相机，还可以挂载其他价格低廉的摄像头来满足初步拍摄的需求。可更换式云台的优点是通过更换更好的相机，尽可能地满足拍摄者对画质的需求，后续升级空间大；通过采用第三方模拟、数字图传用于传递视频信号，增加用户的选择性。缺点主要是由于"云台 + 相机"的价格较高，图传、天线和 OSD（on-screen display，视频信息叠加系统，用于显示飞行参数等信息）等设备的安装调试需要一定的知识储备；可更换式云台 一般重量较重，影响飞行时间；当采用其他品牌相机时，通常不方便控制拍照和视频的切换以及拍摄参数的调整。

适合人群：有一定基础，对画质有要求的用户。

代表机型：DJI Phantom 2（见图 5-5）、Zero Xplorer G、华科尔 X350 Pro、哈博森 X4 Pro 和大部分 DIY 机型。

图 5-5　DJI Phantom 2+GoPro

（二）不可更换式

随着遥控设备和云台的一体化程度的提高，越来越多的无人机采用了不可更换的航拍相机，并搭配一体化遥控器等设备。这些相机拍摄的画质参差不齐，除了个别高端机型外，通常画质和性能要差于 GoPro Hero4 等高端运动相机。优点是使用方便，无须调试，适合新手使用；重量较轻，体积较小，有利于增加飞行时间；价格低廉，一套集成相机的云台价格要低于"云台 + 高端运动摄像机"的组合；可以在飞行时使用 App 调整拍摄参数，获得更好的拍摄效果。缺点是中低端机型所集成的相机画质一般；通常只能采用厂家提供的数字图传，中低端机型的延迟较严重；要升级相机只能更换整个云台，升级成本较高。

适合人群：新手玩家，高端产品也可满足中高端用户的需求。

代表机型：DJI Phantom 3 Professional（见图 5-6）、Phantom 2 Vision/ Vision+、Inspire 1、Zero Xplorer Vision，YUNEEC Q500。

图 5-6　DJI Phantom 3 Professional

三、云台的选择

云台是连接相机和无人机机身的关键部件。在无人机飞行时，由于螺旋桨的高速转动，无人机难免会产生高频振动。而无人机的快速移动也会使得相机随之运动，所以如果没有采取一定的增稳措施，那么无人机拍摄的画面将很难实现平稳顺滑，因此云台在无人机航拍过程中也起到了重要作用。

（一）固定式航拍

固定式航拍是指相机直接连接到无人机的机体之上，拍摄角度是固定的或是有一定的俯仰角，通常可以采用减震球来减少无人机飞行时的高频振动，但无法对飞行姿态的变化进行补偿，所以，固定式航拍更适合拍摄静态图片。另外，采用固定式航拍的无人机价格便宜，重量轻，也比较省电，但是通常摄像头的画质较差，且无法更换，没有运动补偿，从而导致视频拍摄的效果不佳。

适合人群：使用无人机娱乐的新手玩家。

代表机型：DJI Phantom 1、Phantom 2 Vision（见图 5-7），哈博森 X4 Pro 低配版，Parrot Bebop。

图 5-7　DJI Phantom 2 Vision

（二）两轴云台

两轴云台通常可以实现俯仰和滚转两个方向的自动补偿，无人机在水平方向转向时没有补偿，需要飞手控制转向的转速，才能避免转向过快带来的视频不连贯问题。两轴云台相较于三轴云台，价格低廉，拍摄视频效果不错，通常可更换更好的摄像头或相机。但是在无人机运动剧烈时，视频拍摄的平滑性会下降；又由于云台电机耗电，会导致两轴云台的续航时间缩短。

适合人群：有航拍需求、预算较紧张或喜爱飞特殊机型的玩家。

代表机型：XAircraft Xcope、3DR IRIS+ kit、安装 H3-2D 云台的 DJI Phantom 2。

（三）三轴云台

三轴云台是拍摄视频的首选设备，它具备俯仰、滚转和转向三个方向的自动补偿，可以保证无人机在运动时也能拍出流畅的视频。但是云台的补偿都是有一定范围的，无人机运动过于剧烈，云台增稳的效果就会大打折扣，但有云台拍摄的视频效果还是远远高于无云台拍摄的视频效果。目前，几乎所有专业航拍无人机都采用了三轴云台搭载摄影器材，因为其拍摄视频的效果最好，还可更换更好的摄像头或相机。三轴云台的价格较高，由于云台电机耗电，导致续航时间缩短。

适合人群：大部分有航拍需求的玩家。

代表机型：DJI Phantom 3、Phantom 2 Vision+、安装 H3-3D/H4-3D 云台的 Phantom 2、Inspire 1（见图 5-8），哈博森 X4 Pro，YUNEEC Q500，Zero Xplorer Vision/Pro 等所有的专业航拍机。

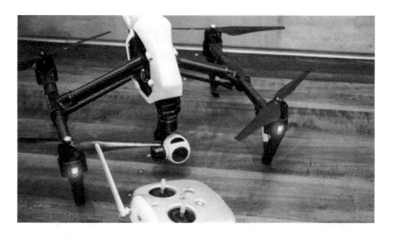

图 5-8　DJI Inspire 1

四、控制器的选择

控制器是无人机指令的发射端，飞手们通过控制器才能指挥无人机飞行和拍摄，它相当于人的运动神经，因此一款性能优良的控制器是无人机进行航拍的基本保证。当前无人机的控制器主要有以下几种。

（一）普通航模遥控器控制

市面上大部分无人机采用的都是与普通航模遥控器类似的 2.4G 或 5.8G 遥控器。遥控器的操纵方式分为亚洲流派（日本手）和欧美流派（美国手），两种操纵方式的区别在于控制油门的操纵杆是在右边（日本手）还是左边（美国手），传统玩固定翼无人机的飞手用日本手较多，而驾驶直升机的飞手则习惯采用美国手，两种流派各有利弊。对于新手而言，主要还是取决于玩家周围的群体采用哪种流派飞行的多，这样方便对新手进行指导和帮助其调试无人机。

优点：一是操纵简便，对于有航模飞行经验的玩家而言可以直接上手；二是摇杆可实现比例控制，即摇杆的位移与飞机姿态的变化是呈线性相关的，这对于控制飞行高度、速度，精确控制飞机姿态都非常方便；三是可更换更高级的遥控设备，实现增加遥控距离、混控、舵量和油门曲线调节等高级功能；四是可以配置各种尺寸的显示器，模拟图传可以将信号同时传输给多个接收器，将无人机在空中拍摄的画面实时同步传输至飞手、编导和导播等的显示器上。

缺点：一是便携性不足，带着微型或小型无人机娱乐时，还需要携带一个体积较大的遥控器，想实现航拍功能还需外接显示器或使用手机、平板电脑作为显示器；二是信号不稳，在使用模拟图传时，可能遇到同频干扰出现视频信号丢失的问题；三是飞手们需要一定的改装知识和动手能力。

适合人群：有一定基础，手头拥有中高端遥控设备的玩家。

代表机型：大部分的 DIY 机型和专业航拍机、DJI Phantom 2。

（二）专用遥控器控制

与普通航模用遥控器相比，专用遥控器通常集图传接收和显示器于一体，它一般无法通过更换接收器来使用其他品牌的遥控器，控制方式则与普通航模用遥控器一致。

优点：相较于普通航模用遥控器，专用遥控器集成度更高，通常采用专用的数字图传技术，所以清晰度一般高于模拟图传，不易出现同频干扰而导致视频信号丢失；便携性更优；无人机内置的图传不仅降低了新手的安装难度，也减轻了无人机的重量，从而延长了飞行时间。

缺点：通常专用遥控器集成的显示器屏幕较小，亮度较低，当室外光线强烈时若没有遮光罩则难以看清屏幕；低端数字图传的有效距离较近，延迟较长，影响飞行安全和拍摄效果；不能更换其他高级遥控器，这就导致出外场活动时会增加负担。

适合人群：大部分玩家。

代表机型：Zero Xplorer Vision、哈博森 X4 Pro、DJI Inspire 1、YUNEEC Q500、华科尔 X350Pro FPV 版、Parrot Bebop SKC 版。

（三）手机 / 平板电脑控制

手机 / 平板电脑控制通常需要在手机或平板电脑上安装相应的 App，然后通过手机 Wi-Fi 与飞机连接，通过 App 中的虚拟摇杆来控制无人机。

优点：一是携带方便，只需要带着飞机和手机就能飞行；二是手机可方便调节飞机上的飞行参数和拍摄参数，可实时浏览和回看拍摄的视频和照片；三是操纵方式简单，类似手机游戏，符合新手的使用习惯。

缺点：一是虚拟摇杆和手机姿态感应的控制精度较低，难以精确控制飞机的姿态；二是手机和平板电脑在运行程序时可能会有死机或程序崩溃的情况；三是市面上手机型号繁多，专用 App 的兼容性有待验证；四是中低端机型的图传延迟较高。

适合人群：使用无人机娱乐的新手玩家。

代表机型：亿航 Ghost、Parrot Bebop。

五、图传的选择

图传是视频传输装置，作用是将无人机在空中拍摄的画面实时传输至飞手手中的显示设备上，使得飞手在远距离飞行时也能获得相机的画面，使其身临其境判断无人机状态，方便取景。现有的图传主要分为模拟和数字两种，而其组成部分主要由发射端、接收端和显示端三部分组成。

（一）模拟图传

早期的图传设备采用的都是模拟制式，它的特点是只要图传发射端和接收端工作在一个频段上，就可以收到画面。

优点：一是价格低廉，市面上的模拟图传发射和接收套装通常在 1000 元以内；二是选择较多，模拟图传搭配不同的天线可实现不同的接收效果；三是工作距离较远，以常用的 600MW 图传发射为例，开阔地工作距离需要在 2 千米以上；四是在信号微弱时，也能勉强判断飞机姿态；五是一体化的视频接收及 DVR（digital video recorder，数字视频录像机）和 FPV（first person view，第一人称主视角）专用视频眼镜技术的成熟，产品选择更多；六是信号接收强，视频信号基本没有延迟，低空高速飞行必备。

缺点：由于发射、接收和天线的产品质量良莠不齐，新手玩家选择困难；易受到同频干扰，两个发射端的频率若接近时，很有可能导致本机的视频信号被别人的图传信号插入，导致飞机丢失；接线、安装、调试需要一定的经验，这对于新手而言就增加了学习成本；飞行时安装连接天线、接收端电池、显示器支架等过程烦琐；没有视频录制功能的接收端就无法实时回看视频，而有视频录制功能的接收端在回看视频时也较为不便；模拟图传发射端通常安装在机身外，这就影响了一体机的美观；当玩家个人安装图传天线时，若安装不当，可能在有的飞行姿态下会被机身遮挡，导致接收的信号欠佳，影响飞行安全；视频带宽小，画质较差，通常分辨率在640×480，影响拍摄时的感观。

适合人群：有一定基础，对穿越飞行等项目热衷的进阶玩家。

代表机型：DJI Phantom 2、大部分 DIY 机型、大部分的穿越机。

（二）数字图传

现在厂商所开发的无人机套机通常都搭载了专用的数字图传，它一般通过 2.4g 或 5.8g 的数字信号进行视频传输。

优点：一是使用方便，通常只需在遥控器上安装手机、平板电脑作为显示器即可；二是中高端产品的图像传输质量较高，分辨率可达 720p 甚至 1080p；三是中高端产品的传输距离亦可达 2 千米，与普通模拟图传相媲美；四是方便实时回看拍摄的照片和视频；五是集成在机身内部，可靠性较高，一体化设计较为美观。

缺点：中高端产品的价格昂贵；而低端产品的有效距离短和图像延迟问题非常严重，影响飞行体验和远距离飞行安全；普通手机和平板电脑在没有配备遮光罩的情况下，若在室外环境下飞行，飞手难以看清屏幕画面；对于一些厂商来说，它们的研发实力和投入不高，所以验证图传系统与不同设备的兼容性也比较困难，造成的结果就是在实际使用中可能出现针对某些型号手机或平板的适配性较差，甚至有不兼容的情况。

适合人群：新手玩家；中高端数字图传亦适合高端玩家，但对于穿越飞行而言，想要实现航拍功能，数字图传延迟仍需外接显示器或使用手机、平板电脑作为显示器。

代表机型：DJI Phantom3、Inspire 1，Zero Xplorer Vision、亿航 Ghost、YUNEEC Q500、Parrot Bebop。

Chapter 6

第六章

无人机操作及维护

2021 年，1824 架无人机在东京奥运会开幕式上的飞行表演成为一大亮点，对于专业无人机企业而言，操作大规模的无人机编队飞行已经不再是件难事。但是对于个人用户而言，无人机的维护保养、操控以及航拍依然是需要经历一个不断磨合的过程。正确操作无人机以及对无人机进行维护保养是避免操作失误、减少财产损失，以及保护他人人身财产安全的重要流程。而具备基本的无人机飞行航拍技巧，也是完成无人机新闻航拍任务的重要一环。本章正是从这几方面入手，重点解析无人机的操作、维护和航拍流程，以期帮助无人机新闻报道工作者顺利使用无人机。

第一节　无人机的操作

随着技术的不断发展，无人机操控性能已经越发稳定高效，但想要规避飞行中的所有风险，保证每一次飞行安全，还是需要下功夫练习、磨合。俗话说："细节决定成败。"在一些无人机事故中，成因往往可能只是飞手操作的一次小失误。所以，无人机飞手不仅需要了解无人机各部分的功能，熟练掌握操作技巧，也要学会冷静应对一些突发情况。接下来本节将对无人机的飞行操作过程、飞行场地选择及一些常见失误操作进行说明。

一、操作过程

无人机的操作者想要学习入门，首先要阅读厂商随机搭配的无人机使用说明书，而且对于支持视频拍摄的无人机还需要安装手机端的 App，如此才能在地面上实现无人机拍摄镜头的实时观看。以下对无人机的飞行注意事项以及一些安全措施做了一些整理，提供给初级操作者学习。

（一）充电

为避免现场短路，需要将用到的设备提前充好电。

（二）Wi-Fi

中继器用来发出 Wi-Fi 信号，提前安装好之后，入门模式（即 1 档）比较适合初学者，因为该模式只能在 GPS 模式下进行操作。在无人机飞行途中，飞行档位可以随时进行修改。此外，无人机的遥控器还有遥控模式和发射功率设定这类调节选项，初学者不需要自己手动调节，可以直接使用出厂预置的模式，即美国手模式，这是默认模式。在这个模式下，左摇杆遥控器控制无人机的上下升降、逆时针和顺时针旋转，右摇杆遥控器控制无人机的向前向后、向左向右水平飞行。

（三）云台

在需要带云台飞行的情况下，云台模块应先于电池组安装，这样操作一是安装比较方便，二是可以防止由于意外通电而导致云台损坏。无人机的云台带有防误插设计，云台的绿色卡口对应机身的绿色卡槽，将卡安装好后，用另一侧的锁扣将两侧固定。在安装时，可能会发生由于锁扣的弹性不足，而不能将云台完全卡紧的情况，这个时候需要手动将锁扣推至锁定位置，即将活动锁扣上的绿线和机身上标示的 "Locked" 绿线对齐，以此固定云台，否则在飞行中云台可能会发生掉落，造成不必要的损伤。

（四）启动螺旋桨

螺旋桨的启动类似于汽车引擎点火，在默认出厂设置的美国手模式下，分别向左下和右下拉动左右摇杆，螺旋桨即可启动，不过此时螺旋桨回转速度比较低。

（五）注意事项

无人机起飞时，除了上升的速度需要控制外，还需要保证飞行环境周围 5 米之内没有人或者障碍物，人身安全是第一位的。另外，在拍摄视频和照片时，如果无人机上面已经安装了云台，可以通过调节遥控器右上角的滚轮来切换相机的平视和俯视，这个功能使用起来很方便。

在起飞时，初学者向上轻推左摇杆并保持这个操作一段时间，无人机就能够顺利离开地面。需要注意的是，在无人机离开地面一段距离之后，才可以回推左摇杆让其归位，让无人机在空中平稳悬停。如果在离地面距离还不够时就太快松开左摇杆，系统就不会判定无人机进入悬停状态，此时四个螺旋桨会以刚启动时的速度做低速旋转，不能提供足够的升力，致使无人机掉落至地面，即使无人机的四个脚架上有硅胶缓冲垫，落地的撞击仍有可能使飞行器或者云台损坏，造成损失。

（六）高度

调节无人机的飞行高度是掌握无人机操作的基本要求。一般来说，无人机航拍会保持在距离地面 10 米至 30 米的高度，按照目视距离半径不大于 500 米的标准，一般无人机和地面距离应保持在 120 米以内，尽可能保持无人机在操作人员的目视范围内运行，以保证航拍的稳定性，并避免碰撞障碍物。另外，飞行高度太高也容易受到风力影响，导致无人机抖动。因此，需要操作员降低高度，保证无人机稳定飞行。最后，需要注意电池续航能力和远距离的信号干扰，出现续航不足和信号不稳定的情况，也应该尽快降低高度迅速返航。

（七）降落

无人机提供了两种降落模式，一种是按下遥控器中间的按钮即可触发自动返航模式，此时无人机会尽量返航回到起飞处进行降落，当然实际降落地点可能会因为 GPS 的精度略有误差。另一种是按下遥控器正面右侧按钮后触发的就地降落，该模式触发后无人机会逐渐降低高度直至完成落地停机，如果需要再次起飞依旧要先启动螺旋桨，否则是不会再次起飞的。

谨慎飞行，安全第一，注意地点，切忌乱飞。无人机爱好者在飞行时一定要注意安全，尽量不要在人群密集地飞行。在无人机的操作中可以设置安全高度，飞行爱好者可以详细查看无人机飞行阅读说明。

二、无人机飞行场地

随着无人机的普及，越来越多的摄影摄像爱好者利用无人机来拍摄取材，这也使得无人机的身影在我们的生活中随处可见。但是，无人机并不适合在所有场合飞行，对无人机飞行场地的选择也需要慎重考虑。

（一）我国无人驾驶航空器飞行管理条例

2023 年 5 月 31 日，国务院、中央军委公布《无人驾驶航空器飞行管理暂行条例》，自 2024 年 1 月 1 日起施行。

《无人驾驶航空器飞行管理暂行条例》贯彻总体国家安全观，统筹发展和安全，坚持底线思维和系统观念，以维护航空安全、公共安全、国家安全为核心，以完善无人驾驶航空器监管规则为重点，对无人驾驶航空器从设计生产到运行使用进行全链条管理，着力构建科学、规范、高效的无人驾驶航空器飞行及相关活动管理制度体系，为防范化解无人驾驶航空器安全风险、助推相关产业持续健康发展提供有力法治保障。

（二）无人驾驶航空器管制空域

《无人驾驶航空器飞行管理暂行条例》第十九条规定，国家根据需要划设无人驾驶航空器管制空域（以下简称"管制空域"）。

真高 120 米以上空域，空中禁区、空中限制区以及周边空域，军用航空超低空飞行空域，以及下列区域上方的空域应当划设为管制空域：

（1）机场以及周边一定范围的区域；

（2）国界线、实际控制线、边境线向我方一侧一定范围的区域；

（3）军事禁区、军事管理区、监管场所等涉密单位以及周边一定范围的区域；

（4）重要军工设施保护区域、核设施控制区域、易燃易爆等危险品的生产和仓储区域，以及可燃重要物资的大型仓储区域；

（5）发电厂、变电站、加油（气）站、供水厂、公共交通枢纽、航电枢纽、重大水利设施、港口、高速公路、铁路电气化线路等公共基础设施以及周边一定范围的区域和饮用水水源保护区；

（6）射电天文台、卫星测控（导航）站、航空无线电导航台、雷达站等需要电磁环境特殊保护的设施以及周边一定范围的区域；

（7）重要革命纪念地、重要不可移动文物以及周边一定范围的区域；

（8）国家空中交通管理领导机构规定的其他区域。

管制空域的具体范围由各级空中交通管理机构按照国家空中交通管理领导机构的规定确定，由设区的市级以上人民政府公布，民用航空管理部门和承担相应职责的单位发布航行情报。

未经空中交通管理机构批准，不得在管制空域内实施无人驾驶航空器飞行活动。

管制空域范围以外的空域为微型、轻型、小型无人驾驶航空器的适飞空域（以下简称适飞空域）。

（三）无人驾驶航空器飞行活动申请

《无人驾驶航空器飞行管理暂行条例》第二十七条规定，无人驾驶航空器飞行活动申请应当包括下列内容：

（1）组织飞行活动的单位或者个人、操控人员信息以及有关资质证书；

（2）无人驾驶航空器的类型、数量、主要性能指标和登记管理信息；

（3）飞行任务性质和飞行方式，执行国家规定的特殊通用航空飞行任务的还应当提供有效的任务批准文件；

（4）起飞、降落和备降机场（场地）；

（5）通信联络方法；

（6）预计飞行开始、结束时刻；

（7）飞行航线、高度、速度和空域范围，进出空域方法；

（8）指挥控制链路无线电频率以及占用带宽；

（9）通信、导航和被监视能力；

（10）安装二次雷达应答机或者有关自动监视设备的，应当注明代码申请；

（11）应急处置程序；

（12）特殊飞行保障需求；

（13）国家空中交通管理领导机构规定的与空域使用和飞行安全有关的其他必要信息。

《无人驾驶航空器飞行管理暂行条例》第二十八条规定，无人驾驶航空器飞行活动申请按照下列权限批准：

（1）在飞行管制分区内飞行的，由负责该飞行管制分区的空中交通管理机构批准；

（2）超出飞行管制分区在飞行管制区内飞行的，由负责该飞行管制区的空中交通管理机构批准；

（3）超出飞行管制区飞行的，由国家空中交通管理领导机构授权的空中交通管理机构批准。

（四）无人驾驶航空器的监管工作

《无人驾驶航空器飞行管理暂行条例》第十条规定，民用无人驾驶航空器所有者应当依法进行实名登记，具体办法由国务院民用航空主管部门会同有关部门制定。

涉及境外飞行的民用无人驾驶航空器，应当依法进行国籍登记。

第十一条规定，使用除微型以外的民用无人驾驶航空器从事飞行活动的单位应当具备下列条件，并向国务院民用航空主管部门或者地区民用航空管理机构（以下统称"民用航空管理部门"）申请取得民用无人驾驶航空器运营合格证（以下简称"运营合格证"）：

（1）有实施安全运营所需的管理机构、管理人员和符合本条例规定的操控人员；

（2）有符合安全运营要求的无人驾驶航空器及有关设施、设备；

（3）有实施安全运营所需的管理制度和操作规程，保证持续具备按照制度和规程实施安全运营的能力；

（4）从事经营性活动的单位，还应当为营利法人。

民用航空管理部门收到申请后，应当进行运营安全评估，根据评估结果依法作出许可或者不予许可的决定。予以许可的，颁发运营合格证；不予许可的，书面通知申请人并说明理由。

三、常见失误操作

无论是无人机飞行初学者还是有一定经验的无人机飞行者，在飞行时都有可能出现操作失误，情况严重时有些误操作可能会导致炸机，且由此造成财产损失甚至人员伤亡等重大后果。无人机常见十大误操作如下。

（一）空中内八或外八掰杆

以大疆 Phantom 3 系列无人机为例，如果在空中内八或外八掰杆，无人机就会因为在空中失去动力而直接从空中掉落。这个失误操作带来的后果是十分危险的，如果无人机坠落，会直接造成财产损失，严重的可能会造成人员伤亡，对他人和自身的人身财产安全造成威胁，导致严重后果。

所以建议在空中一定不要内八或外八掰杆（内八或外八掰杆的设置是为了在紧急情况下停止电机，避免更大的损失）。在飞行时需要严格按照说明书的指引进行正确操作。

（二）桨叶安装不当

桨叶是否安装好也是飞行安全的一个决定性因素。无人机飞行时，电机是高速旋转的，而且在飞行时，无人机的姿态和电机的旋转速度都会发生变化，这时候，如果桨叶没有旋紧，可能会导致射桨（即桨叶掉落），桨叶掉落会使无人机失去动力发生坠落，其危险性不言而喻。

在飞行前仔细检查桨叶是否旋紧，将没有旋紧的桨叶旋紧，确保安装牢靠（若是大疆 Inspire 系列快拆桨叶，卡扣需要扣好）。另外，桨叶需要定期检查，及时更换磨损老化的桨叶，确保飞行安全。

（三）失控返航撞击

失控返航撞击也是一种常见的导致炸机的情况。造成这种情况的原因是遥控器和无人机之间有高大建筑物，建筑物的高度遮挡了遥控器和无人机的通信信号，导致信号中断，信号一旦中断无人机就会进入失控返航的状态，在返航途中如果遇到高于返航高度的建筑物，就会导致撞楼炸机。

建议在飞行时不要选择有高大建筑物的场地，尽量选择空旷、无干扰的环境进行飞行，如果不可避免地要在高大建筑物区进行飞行，那么需要提前设置飞机返航高度，使其高于周围所有障碍物，这样才能避免相撞，发生意外。

（四）电量过低无法返航

飞行时需要实时关注无人机的电量，当无人机电量过低时（已经低于或仅够返航），那么无人机就有可能在返航途中因为电量耗尽而返航失败或是造成更严重的后果，例如无人机飞丢或者炸机等。

在飞行前注意检查电量，飞行时要时刻注意电量的变化，保证足够返航的电量，不要贪飞。

（五）超视距避障失败

超视距飞行时，图传仅显示镜头中的图像，所以可能会因为无法看到其他方向的障碍物而导致无人机在飞行时撞击障碍物造成炸机。

在飞行前仔细观察飞行环境，在飞行时最好不要超视距对无人机进行操控。如果必须进行超视距飞行，需要调节无人机的飞行高度，使其高于周边所有障碍物，保障飞行安全。

（六）镜头向前快速倒飞

因为图传无法显示无人机后方的障碍物，所以如果无人机后方有障碍物，很有可能在飞行过程中不小心因撞击而造成炸机，这样的飞行也是非常危险的。

在视线范围内飞行，确保无人机后方没有任何障碍物后再谨慎飞行。

（七）室内飞行漂移

室内没有卫星信号，所以无法进行卫星定位，且一些地面情况无法满足视觉定位要求，而且室内空间狭小，无人机在这样的环境中飞行，很容易发生炸机。

在练习飞行技巧时，尽量不要在室内进行飞行，应寻找空旷场地进行练习，保证安全第一。

（八）乱操作触发返航

很多新飞手不了解无人机的返航逻辑，不知道在触发返航后短按返航键会取消返航，不知道返航的强制上升阶段等。有些新手操作时可能会因为一时紧张而乱打杆，导致无人机在没有达到返航高度的情况下返航，这很容易发生撞击事件，造成损失。

所以对无人机的返航逻辑详细了解（可参考用户手册）之后再进行飞行非常有必要。

（九）恶劣环境中强行起飞

如果在高楼林立、高压线、手机信号发射塔等地附近进行强行起飞，可能会对信号造成干扰，影响无人机正常飞行，容易发生意外，造成损失。

飞行时需要远离建筑物和信号发射塔等影响无人机飞行安全的障碍物。

（十）刹车后漂移撞击

在无人机高速飞行时，如果前方有障碍物，那么松开摇杆后，无人机会进行刹车，在这个过程中如果刹车距离不够，无人机可能会撞击障碍物，造成损失。

因此，在视距范围内进行飞行，要预留好充足的刹车距离，以免发生撞击，造成炸机。

以上十大误操作可能造成的结果是撞击障碍物导致炸机。虽然现在的无人机已经拥有了避障功能，但是飞手在飞行时还是要注意规避风险，尽量避免外界因素的干扰，时刻谨记安全第一。

上述是对于无人机的一些常规操作说明，以及一些无人机失误操作的描述。其实，操作一架无人机飞起来并不困难，但是如何安全飞行，顺利完成拍摄，安全降落就需要飞手细细思量，把控好每一个操作细节。对于初学者来说，需要熟记无人机的操作过程，了解每一个部件，多加练习，才可以熟能生巧。

第二节　航拍技巧

无人机被广大摄影摄像爱好者所青睐，利用无人机进行拍摄，仿佛拥有了"上帝视角"，使得视野更加开阔，万千景象尽收眼底。但也并不意味着只要无人机升空就能拍出好图片、好视频，空中航拍不同的光线角度、不同的视野构图，以及不同的高中低空环境决定了无人机航拍也有其特定的技巧。需要在无人机飞行和拍摄上熟练掌握构图、运镜和不同空间拍摄的一些技巧。

一、构图

无论是用无人机拍摄还是用普通相机拍照，想要获得观感上佳的图片都需要良好的构图。无人机的拍摄视角更加广阔，巧妙的构图将让摄影摄像作品锦上添花。下面介绍一些航拍的构图技巧。

（一）九宫格构图，黄金分割点

将画面分割为"九宫格"，被摄主体或拍摄的重要景物放在"九宫格"交叉点的位置上。这种构图中的最佳位置为"井"字的四个交叉点，一般将被摄主体放在这个位置。在"九宫格"中，一般右上方的交叉点被认为是最理想的位置，其次为右下方的交叉点，但这种情况并不是一成不变的。这种构图格式使被摄主体自然成为视觉中心，较符合人们的视觉习惯，可以突出主体，并使画面趋向均衡，航拍中大多数素材拍摄时可适用（见图6-1）。

图 6-1　九宫格构图

（二）三分法构图，天地人和

三分构图就是将拍摄画面纵向分割为三等份，每一份画面放置合适内容，如在拍摄风景时，可以选择1/3放置天空或者1/3放置地面，当然如果为了使天空拍摄效果更辽阔，可以放置2/3，利用1∶2的比例可以突出画面重点，也令整体画面更加和谐。三分法可以灵活变动，活学活用，根据拍摄的需要而定。三分法在航拍中较适合于自然景观层次分明的素材拍摄（见图6-2）。

（三）二分法构图，平分秋色

二分法构图与三分法相似，就是将画面等分为两部分，经常在风景拍摄中使用。顾名思义，二分法就是将画面分成相等的两部分，不同部分放置不同景物，可以很

图 6-2 三分法构图

容易营造出宽广的气势。例如，在风景照中，一半天空一半地面，两部分的内容显得沉稳和谐，也不会使画面内容杂乱，契合视觉效果。这样的照片四平八稳，容易出好片，但在画面冲击力方面略欠缺（见图 6-3）。

图 6-3 二分法构图

（四）向心式构图，万向牵引

向心式构图就是将拍摄主体放置在画面一处，主体四周景物均朝向主体，从而产生一种聚集的视觉效果，突出主体。主体位置可以灵活变动，利用压迫感，让画面更具冲击力，也更有特点（见图 6-4）。

图 6-4　向心式构图

（五）对称式构图，平衡美感

对称式构图给人的视觉效果较为舒适。对称式构图分为广义和狭义，一般将画面按照左右或上下分为比例 1∶1 的两部分，形成左右呼应或上下呼应，对称式构图很适合城市摄影，可以把空间表现得比较宽阔。对称式构图可以增加画面的平衡感和线条感，让读者在画面中依据线条找到观看线索。航拍中适用于运动、风景、建筑等拍摄（见图 6-5）。

图 6-5　对称式构图

（六）S 形构图，曲韵丰景

S 形构图是经典构图方式之一。所谓 S 形，就是使画面中的景物成 S 形曲线的方式分布，使得视觉上有一种延长、变化的特点。这种构图使得画面看上去具有韵律感，更加优美、协调，多运用于河流、公路等场景的拍摄（见图 6-6）。

图 6-6　S 形构图

（七）平行线构图，有条不紊

我们的生活中存在许多平行线。自然界或者人为设置都可以拍到平行线的画面，平行线构图的特点在于规整与元素重复，可以使画面有一种特别的韵味。尤其是自然界的重复元素，可以更好地烘托主题（见图 6-7）。

（八）星罗式构图，凌乱的韵律

星罗式构图指的是将重复元素随机排布在画面当中，因重复元素具有统一性的缘故，星罗式构图可以获得一种特殊的协调性，使画面具有不一般的韵律。而因为随机性的缘故，很容易引起观图者的好奇心（见图 6-8）。

（九）消失点构图，意境悠长

透视规律告诉了我们近大远小的透视规则，所以在远方，我们可以看到平行线汇聚于一点，这个点被称作消失点。消失点构图不但可以让画面更具冲击力，而且平行线会引导观看照片的人将视线移至消失点，使得画面的空间感更强一些。若是拍摄创意人像，还可以将人物放置在消失点让观看者最终的焦点集中在人物身上。利用消失点构图可以获得不错的视觉效果（见图 6-9）。

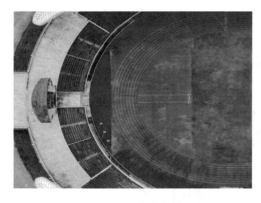

图 6-7　平行式构图

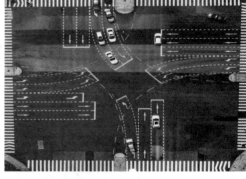

图 6-8　星罗式构图

图 6-9　消失点构图

（十）V 形构图，风景剪刀

V 形构图的用意与 S 形构图相似，可以有效增强画面的空间感，同时让画面得到了更为有趣的分割。不同的是曲线换成了直线，画面变得有棱有角。直线条更容易分割画面，让画面各个元素之间的关系变得微妙起来（见图 6-10）。

图 6-10　V 形构图

利用无人机进行航拍时，飞行者可以根据不同拍摄场景适当运用上述构图，这样可以让拍摄的作品更具层次感，吸引读者眼球。

二、遥控

遥控器（见图6-11）根据不同人的使用习惯区分了美国手、日本手。美国手、日本手在方向舵、加减油门、升降舵、副翼的位置按照个人习惯做了不同的设置。

图 6-11　遥控器

不同的遥控器在设置上可能有所改动，但其主要的操作基本一致。

·视频录制按键：按下后开始录制视频，再按一次停止录制。

·云台角度控制滚轮：左右滑动可调整相机的拍摄角度（垂直方向）。

·模式切换功能：不同模式各有千秋，但是对于新手，建议使用 P 模式，该模式类似自动模式，操控更加简单，容易上手。

GPS 模式（大疆称为"P 模式"）：使用 GPS 模块或视觉定位系统以实现无人机精确悬停。根据 GPS 信号接收强弱状况，P 模式在以下三种状态中动态切换。① P-GPS：GPS 卫星信号良好，使用 GPS 模块实现精确悬停。② P-OPTI：GPS 卫星信号欠佳或在室内无 GPS，使用视觉定位系统实现精确悬停。③ P-ATTI：GPS 卫星信号欠佳，且不满足视觉定位条件，仅提供姿态增稳。

姿态模式（大疆称为"A 模式"）：不使用 GPS 模块与视觉定位系统进行定位，仅提供姿态增稳，若 GPS 卫星信号良好则可实现返航。

功能模式（大疆称为"F 模式"）：视觉定位系统关闭，使用 GPS 模块实现悬停，可使用智能航向功能（IOC）。

·回放按键：短按实现回放功能，短按一次可通过无人机配套的 App 回放相片或者视频，再次短按则返回到拍照或录像模式。

·拍照按键：按下此按钮可实现拍照功能。

·相机设置功能：可设置相机参数，配合回放按键实现照片翻页查看功能。

·左摇杆和右摇杆：见图 6-12（默认美国手操作）。

·电源按键：短按检查电量，长按打开遥控器电源并与无人机连接。

·智能返航按键：长按此按键直至听到蜂鸣声，此时智能返航功能被激活，返航指示灯白灯常亮表示无人机正在进入返航模式，无人机将返航至最近一次记录的返航点。在返航过程中，短按此按键可退出返航功能，重新获得无人机的控制权，用户可以继续用遥控器来控制飞行。

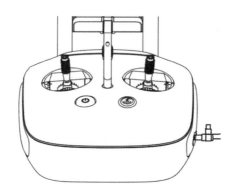

图 6-12　遥控器的左摇杆和右摇杆

不同遥控器各有千秋，但是可以通过了解不同遥控器的主要功能，更好地理解一款全新遥控器的使用方法。每一款无人机都会配备相关的遥控器使用说明，飞行者在认真阅读后就可以快速了解遥控器的使用方法。

三、运镜

下面是对于无人机拍摄运镜的一些介绍。熟练掌握无人机运镜技巧可以让拍摄作品呈现出更高级的效果。

（一）垂直飞升运镜法

在无人机起飞前把镜头调校至垂直90°向下的状态。启动录影后，一气呵成完成无人机起飞、升高的操作，令画面由模糊的地面变成清晰的广角画面，速度感由快而慢。利用这个垂直起飞运镜法，能快速地由无画面突变至清晰画面，使得视觉效果发生戏剧性改变。利用垂直飞升运镜法空拍时，飞升高度不需要很高，但切记无人机从起飞到升空过程要一气呵成，快速完成，这一点十分考验操作技术。例如，在拍摄地面大型图案时利用这个运镜法快速起飞升空，可以获得极佳的视觉效果。

（二）原地旋转运镜法

无人机在起飞至所需的拍摄高度后，调控镜头垂直向下开始拍摄。启动录影后，左手横向推杆令无人机定点自转拍摄，这时在画面中可以看到旋转效果。这一运镜法的本意不是要拍到清晰影像，而是采用特殊风格的拍摄手法，呈现出迷惑、混乱的视觉效果。如要置入人像或其他拍摄主体，便以置入主体为圆心进行旋转飞行。但在旋转时切记无人机旋转的速度不要过快，虽然追求模糊效果但是起码要让观众看到所拍景物的大概样子，而且过快的旋转速度容易发生意外。

（三）后飞广角运镜法

后飞广角运镜是一种常见的空拍运镜法。无人机起飞升高，随后把镜头调至朝向航拍玩家的方向，拍摄角度则可微微向下（30°左右），然后启动录影，无人机以中速或高速升高并向后飞行，把无人机快速地飞离自己。如此一来，画面上便会见到构图由人像近镜逐渐变成广角拍摄的效果。不少人在使用空拍运镜法时还会加上手动推送的动作，这样视觉感受就像是把无人机推出去一样。

（四）异速前飞运镜法

严格来说，这算不上是一种运镜法，只是操控无人机平飞前进进行空拍。先将无人机起飞升空到所需拍摄高度，然后将镜头角度调至水平或微微向下（10°～20°），启动拍摄录像，并使无人机平稳向前飞行。其中有趣的是，拍摄者可以通过不断改变飞行速度来营造不一样的画面观感。一般来说，拍摄风景或建筑物细节时，以较慢的速度前进；在海面上飞航进行拍摄时，则可选择较低的高度做高速飞行，以带来强烈的速度感，强化画面感染力。需要注意的是，飞行的高度愈高，飞行速度看起来就会愈慢，因此，空拍效果应以图传预览为准，不必执着于飞行数据上所显示的速度。

（五）横飞摆镜拍摄法

前飞改为横飞，其间机身做轻微旋转，便可达到摆镜的效果。航拍者先根据构图需要，将无人机起飞升空调节至合适高度，拍摄广角镜头时可以选择飞高一些，横飞摆镜时视觉效果较稳定，飞行速度也较易掌握。在空中稳定飞行后启动录影，横向飞行即成。如有特定的拍摄主体，可通过轻微转动机身校正拍摄方向，一般来说，向右横飞则左转，向左横飞则右转，机身自转幅度不要太大，旋转幅度过大会降低视觉效果，稳定旋转才可达到顺滑流畅的摆镜效果。

（六）环绕拍摄运镜法

环绕拍摄可以说是横飞摆镜的进化版。但两者也存在区别，横飞摆镜要沿大弧线轨迹飞行，而环绕拍摄则是要围绕中心点的主体来拍摄。在操作技巧上两者大致相同，都是先从特定高度构图，再横向飞行，并自转机身校正拍摄方向。在进行环绕拍摄时，机身校正时转动的幅度与横飞拍摄相比会较大，所以可先以较大的圆形轨迹来环绕拍摄，熟悉后再慢慢收细环绕的范围。

（七）追踪主体运镜法

对前面提到的运镜技巧有了一定的掌握之后，航拍者便可尝试追踪主体运镜法。追踪主体拍摄需要先选定会移动的拍摄主体，然后尾随移动主体，循直线轨迹匀速前进拍摄。镜头角度、飞行方向皆视构图和拍摄对象而定，在拍摄手法上并无特定要求。

第三节　无人机日常维护和检查

在无人机辅助新闻报道中不仅要掌握飞行操控和航拍技巧，更不能忽视的是无人机的日常维护和检查。保证设备性能的稳定和可靠才能在面对突发性新闻报道时能够有准确及时的第一手信息回传，取得更好的新闻报道效果。

一、无人机维护细则

维护被定义为无人机的保管、检查、大修和维修，包括部件的替换等。无人机需要用正确的方式维护才能保障其安全性能。另外，无人机需要正规的和正确的维护来确保其运行寿命期满足可接受的适航标准。

不同类型的无人机对维护有不同的要求。根据实践经验，无人机每飞行 20 小时或者更少的时间就需要进行某种类型的预防性维护；飞行每 50 小时就需要进行较小的维护。无人机的维护时间间隔也受到运行类型、气候条件、保管设施、机龄和无人机结构的影响。制造商在提供维护无人机服务时应该使用维护手册、部件目录和其他服务信息。

（一）无人机的检查

无人机的所有者和运营者都需要对有适航条件的无人机维护负起责任。无人机所有者和运营者必须对无人机执行可靠的检查，所有者在任何故障校正需要的检查期间必须维持无人机的适航性。民用无人机需要按照特定的时间间隔接受检查，以此来保障其总体的运行状态，间隔时间依无人机类型而定。例如，有些无人机每 12 个月至少需要一次检查，而另一些无人机则要求每运行 100 小时检查一次，不同类型的无人机检查时间间隔是不一样的。在某些情况下，需要按照一个为无人机专门建立的检查制度来检查无人机，可以基于日历时间、服务时间、系统运行次数或者这些条件的组合。

对于无人机的检查，应该遵守制造商最新的维护手册，包括检查时间间隔、部件替换和适用于无人机的寿命有限条款等这些连续适航性的说明。

（二）年度检查

民用无人机系统要求至少一年检查一次。检查应该由经过专业认证并且持有检查授权的人员、无人机制造商或者是经过认证和评估的维修站来执行。除非年度检查已经在之前的 12 个月完成，否则无人机将不能运行。12 个日历月的期限为从起始一个月的任何一天到下一年相同月份的最后一天。

（三）飞行前检查

无人机需要进行飞行前检查。通过系统的检查，无人机操控者可以确定无人机是否适航和是否处于安全运行状态。在《无人机飞行手册》和《无人机所有者/信息手册》中应包含相关内容来专门介绍执行第一次飞行前系统检查的方法。

（四）预防性维护

预防性维护比较简单，主要是关于次要的维护操作和一些小的标准零件或设备的替换，不涉及复杂的操作。预防性维护对执行者没有那么严格的规定，经认证的驾驶员就可以对他们所拥有的或者运行的任何无人机执行预防性维护操作。

（五）无人机所有者/运营者职责

一架无人机注册的所有者或者运营人对下列事项负责：

（1）保持无人机有最新的特许适航文件和国籍登记文件；

（2）确保无人机处于适航状态，包括遵守所有适用的适航指令；

（3）确保维修被正确地记录；

（4）与最新的涉及无人机运行维护的规章保持同步。

二、电池使用及维护保养知识

在无人机的发展中，电池动力的无人机逐渐取代燃油动力无人机，成为无人机航拍领域无可争议的宠儿。而电池作为无人机的储能单元无疑直接决定了无人机的飞行时长、飞行性能，以及飞行安全等重要性能指标。电池出现问题，轻则影响无人机的续航时间，重则可能直接导致无人机坠毁。因此，无人机操作人员需要充分掌握无人机的电池参数、维护、保养和使用等一系列问题。尤其是在面对重要采访报道任务时，更需要同时确保电池设备的数量与质量，以保证航拍任务的顺利完成。以下简单介绍一下航拍电池的性能、选购、电池保养、使用方法等问题。

随着技术的发展，无人机电池已经逐步完成了从锂电池向锂聚合物电池的升级换代。锂聚合物电池具有更高的能量密度、更小的物理体积、更高的安全性和更低的生产成本。区别于传统电池的金属外壳，锂聚合物电池往往采用铝塑材料的外包装，而该类型外包装在电池出现鼓包问题时更容易显示出来，如图6-13所示。

图6-13　电池鼓包

电池鼓包是无人机电池使用中的重要安全隐患之一，反复过度的充放电可能会导致电池内部化学反应过于激烈，并造成内部化学液体发生结晶从而可能刺穿内部结构层造成短路，而短路的结果就是电池的膨胀，继续充放电使用可能导致电池最终爆燃。因此，为了保持电池的健康使用，避免电池爆炸燃烧导致的安全事故，需要做好电池的日常维护保养。具体而言，在电池的使用上要坚持六个"不"，以更好地延长电池的使用寿命。

1. 不过放

电池使用中的"不过放"，是指不要在无人机飞行中榨干电池的最后一丝电量。在电池电量过低的情况下持续使用，轻则损伤电池，重则因为电压太低而造成炸机。因此，最好的办法是为无人机多准备几块电池，减少单块电池的飞行时间，切记不要每次把电池飞到超过容量极限。此外，还要充分利用电池报警器，当报警器报警时应尽快执行返航或降落操作。

2. 不过充

电池过充是指在电池充满之后未能及时断电，轻度过充可能导致充电设备和电池过热造成老化，严重的可能导致设备或电池自燃。当前主流的无人机产品都有电池过充保护功能，也就是在电池充满的情况下，自动断电保护。但一些非原装充电设备或电池可能存在质量上的参差不齐，一旦过充，轻则影响电池寿命，重则直接发生爆炸起火。因此，最好的办法是尽可能购买具有质量保障的原装零配件，并尽可能保证充电过程中有人在场，一旦发现充电时间过长，需要对相关设备及时送检，排除隐患。

3. 不满电保存

不满电保存是指不要将充满电状态下的电池保存超过三天。长时间不对电池进行放电使用，可能直接导致电池鼓包问题的出现。反复出现满电不使用的情况可能会导致电池的直接报废。另外，如在三个月内没有使用电池，需要将电池充放电一次后继续保存，这样可延长电池的使用寿命。电池应放置在阴凉的环境下保存，当需要较长时间存放电池时，最好能将电池放在密封袋中或密封的防爆箱内，建议环境温度为 10~25℃，且周围干燥，无腐蚀性气体。

4. 不损坏外皮

电池的外皮是其重要结构，在防止电池爆炸和漏液起火上起着重要作用。如果锂聚合物电池的铝塑外皮包装破损，将可能直接导致电池起火或爆炸。所以，电池要轻拿轻放，在飞机上固定电池时，扎带要束紧。因为在做大动态飞行或是摔机时电池可能会因为扎带没有束紧而被甩出，电池一旦从较高处被甩出极易造成外皮破损。

5. 不短路

短路情况往往发生在电池焊线维护和运输过程中，短路可能会直接导致电池着火或者起火爆炸。当发现电池在使用一段时间后出现断线的情况需要重新焊线时，要特别注意电烙铁不要同时接触电池的正极和负极。另外，在电池运输过程中，为了避免电池发生短路情况，最好的办法是将每个电池都单独套上自封袋并置于防爆箱内，这样可以防止运输过程中因颠簸和碰撞导致某片电池的正极和负极同时碰到其他导电物质而短路或因破皮而短路。

6. 不着凉

在高海拔地区或低温环境下，电池长时间在室外放置，会使电池放电性能严重下降，进而降低无人机的飞行性能与飞行时长。在低温环境中，须将电池报警电压升高，并在电池报警后应立即执行降落操作。在低温环境下还需给电池做好保温处理，在起飞之前电池要保存在温暖的环境中，比如房屋内、车内、保温箱内等，要起飞时快速安装电池，并执行飞行任务。低温环境中的飞行时间应尽量缩短为常温环境飞行时间的一半，以保证安全飞行。

三、起降注意事项 [①]

（一）开机前的准备工作

（1）选择具有良好飞行条件的场地。场地选择要尽量空旷，周围无遮挡、无电线；选择的场地周围没有手机基站、Wi-Fi、高压电线、电子围栏等可能对飞行信号造成干扰的设施。在选取地点时可以提前在电脑卫星图上观察，并对周边建筑物的大致高度和方位做下标记，做到心中有数，保证天线能实时对准无人机，且它们之间无遮挡。与此同时，也可以将需要拍摄的目标点的位置进行提前确认，这样无人机升空后就能直奔目标拍摄点，提高效率。

（2）尽量选择风力4级或4级以下的天气进行飞行，提前确定风向和天气。

（3）开机前应先取下镜头盖、云台锁，并提前准备好手机，有条件的应戴上挂带。

（4）确认自动返航已开启，返航高度高于周边所有建筑物20米。

（5）开机前确认：①油门居中；②拨杆位于P模式（以大疆精灵P3S为例：S1拨杆拨到顶端）。

（6）确认内存卡已插入且内存卡未满。

（7）检查物品是否齐全：无人机、遥控、电池、手机/平板、螺旋桨和一对替换桨。

（二）起飞前的准备工作

（1）GPS情况良好（否则无法实现P模式）。

（2）指南针是否受干扰，是否已经校准。如果周围环境存在变压器、大型金属物等物体均会对指南针造成干扰。

（3）旋紧螺旋桨（但不必过度旋紧）并确认。由于是自紧桨，电机旋转会继续把桨旋紧。

（4）电池、遥控器、手机电量是否充足。

（5）机身电机座和起落架有无开裂迹象。

（6）电机内部有无明显杂物，如有应及时清除。

（7）螺旋桨表面有无明显损坏，螺丝表面有无滑丝现象。

（8）云台是否居中，云台自稳系统是否正常工作。

---

① 根据冬季使用无人机航拍注意事项及飞行技巧[EB/OL].（2018-01-28）[2023-11-06]. https://www.163.com/dy/article/D95S4F7A0511AJOS.html编写。

（9）夜航前必须打开前臂灯，如有条件可带上一个手电，在降落时照射地面，方便无人机确认降落地点。

（10）开机顺序：先开启遥控器电源，再开启无人机电源。

（三）升空的注意事项

（1）起飞后让无人机在 5 米处悬停一会，再进行上升、下降、前后左右平移、左右自转等动作，观察姿态是否稳定。

（2）遥控的天线与无人机的脚架保持平行，且天线和无人机之间没有任何遮挡。

（3）如果可以，应尽量避免无人机出现在人群正上方。

（四）降落的注意事项

（1）如果场地允许，配合 Z 字形下降路线。

（2）降落前疏散围观人群（最好的方法是在一个偏僻的地方独自飞行）。

（五）意外的处理或避免

（1）丢失图传信号。当图传信号丢失时不必惊慌，首先停止手头操作，冷静思考，因为此时无人机会自动悬停，不会引发事故，很多情况下飞行者由于惊慌而发生的错误操作才是引发事故的根源。冷静下来后可采取以下任一操作：①马上开启自动返航；②在空中寻找无人机的踪迹，并且按照原路线飞回；③若距离较远，目视无法找到无人机的踪迹，则需要回忆机头最后的朝向，根据印象小心操作飞回无人机；④开启智能飞行中的"返航点锁定"模式，直接向后拨杆飞回。

（2）失控。失控后的无人机本身是可以自动返航的，所以最稳妥的做法是在原地等候。但如果认为返航高度不够保险（有可能撞上周围障碍物）而且周围有一起飞行的伙伴，可留下一人在原地等候，另一人拿着控制器前往失控的地点。

（3）操控不当撞上障碍物。可为无人机安装防撞环避免损失。

（4）避免射桨。①飞行前检查螺旋桨和电机的螺丝表面有无滑丝现象，检查螺旋桨表面有无损坏或裂纹。②起飞前适度旋紧螺旋桨（太用力可能出现滑丝）。

想要延长无人机的使用寿命就需要爱护它，经常进行检查和维护。其实，无人机对于飞手来说不仅仅是他们的工具，也是朋友。在飞行前检查各部分细节是否安装到位，可以很大程度上保障飞行安全；在飞行时，每一次操作都要仔细斟酌，考虑后果；在闲置时，要对无人机进行定期维护。虽然无人机是"冷冰冰的铁疙瘩"，但是每一位拥有者都需要拿出万分的小心去对待它。

第四节　无人机飞行中的意外情况及应对

只要是设备就有可能发生意外，无人机在当今新闻报道领域可谓是高频次使用的新闻报道设备，要想保证完全避免意外事故的发生可谓难上加难。因此，如何应对无人机新闻报道中的意外情况，在意外发生时如何将损失降到最低才是重中之重。

一、飞行安全隐患及应对措施

无人机是在军事领域最先发展起来的，很长一段时间，无人机通过携带照相设备、合成孔径雷达和电子侦察设备来执行侦察任务，它可以进行图像侦察、雷达侦察、通信侦察、信号侦察等多项任务。20 世纪 90 年代以后，无人机在军事领域获得了突飞猛进的发展，它可以通过自身装载高能炸药，利用火力打击，与敌方"同归于尽"。有的无人机可以加挂精确制导武器，成为"外科手术"式的精确打击能手。

进入 21 世纪以来，无人机技术更加成熟，开始向小型化、低空化、简单化、低技术化、低成本化的方向发展，凭借站得高、看得远，飞得快、行进无障碍、适应能力强、改装方便等优势，在民用领域获得了青睐，并迅速发展起来。除此之外，无人机还在摄影测绘、森林观察防火、抢险救灾、防治农业病虫害等领域得到了广泛应用。不仅如此，无人机还大有走进千家万户之势。如今，小型、微型无人机的身影在田野中、公园里、街巷间经常可以看到，飞手利用无人机在空中进行拍摄，享受着"上帝视角"带来的摄影摄像快乐。

近些年，我国民用小型、微型无人机研发制造业崛起迅速，民用无人机市场不断扩大。目前，国内无人机生产企业有将近 200 家。国际民用无人机市场上，"中国制造"已占据近九成的出口份额。相信在未来，民用无人机市场还将迎来更大的发展。

（一）"黑飞"事件屡屡发生

随着无人机市场的蓬勃兴起，无人机"黑飞"事件也不断被曝光在公众视野中，甚至"黑飞"事件还发生在一些国家的总统府、首相府这样戒备森严的"禁飞区"，对国家安全造成一定的威胁。2015 年 1 月 27 日，一架无人机闯入并坠毁在美国白宫南草坪。2015 年 4 月 22 日，在日本首相官邸顶楼发现一架坠落的四旋翼小型无人机，无人机携载有摄像机、类似发烟筒状物品和装有液体的塑料容器，并在塑料容器中测出辐射反应。

无人机"黑飞"事件在我国境内也屡屡发生。2013 年 12 月 28 日、29 日，北京一家不具备航空摄影测绘资质的公司，在没有申请空域的情况下，擅自安排人员操纵无人机升空拍摄，导致多架次民航班机因不得不对其进行避让而延误，幸好其被空军雷达及时监测发现，随后被两架空军直升机拦截迫降。2015 年 11 月 17 日，空军又及时处置了一起发生在河北涿州的无人机"黑飞"事件。

（二）无人机"黑飞"存在严重安全隐患

无人机"黑飞"事件层出不穷，存在着严重的安全隐患问题。无人机"黑飞"会扰乱空中交通管制，危害空中交通安全。空中交通与地面交通一样，如若没有规则加以规范，就会引起混乱，重则会导致安全问题。天空相较于地面更加广阔，但无人机飞行速度过快必然会引发安全问题。空中交通必须建立在一定规制之上，与地面行车一样，没有规矩，不成方圆。曾经有过案例，一只小鸟就能造成军用飞机、民用客机机毁人亡，何况民用无人机都是重量在几千克以上的"铁疙瘩"，如果在空中与军用飞机、民航班机相撞，后果不堪设想。

"黑飞"事件还可能对人民群众生命财产安全造成威胁，扰乱社会治安。民用无人机的重量在两三千克到几十千克不等，从几十米、一百多米的空中掉下来，是十分危险的，极有可能造成人员伤亡。有一些以娱乐为目的的无人机所有者，很喜欢在人多的地方"黑飞"，例如像公园等公共场所，可能造成的危险不言而喻。与此同时，也存在个别不法分子企图利用无人机做一些非法勾当——无人机可以携带摄像机，也可以运输物品，声音小、难以察觉，如果无人机没有管制可以满天"黑飞"，那么个别不法分子也可能会利用微型无人机窥视他人隐私，侵犯他人权益。

更严重的是，"黑飞"可能危害国家安全。民用轻小型、微型无人机，体型小巧、飞行高度低、飞行速度慢，属于典型难防的"低慢小"目标。甚至有的无人机机体还大量采用雷达难以发现跟踪的聚碳酸酯材质。作为平台，无人机不仅可以加装照相摄像设备，甚至还可以装上炸药，变身"微型炸弹"，或是携载生化物品，这些都有可能被敌对势力、恐怖分子利用，使无人机变成危害社会的"武器"。

从 2014 年以来，法国已发生多起小型无人机进入核设施等"禁飞"地区的事件。这些发生在国际上的威胁国家安全的无人机"黑飞"事件，不能不引起我们警醒。

（三）加大无人机飞行管理力度，还天空一片宁静

无人机"黑飞"事件屡禁不止，这引发了国际社会对无人机监管问题的激烈讨论，有关国家的政府纷纷出台相关法律规定，开发反"黑飞"的无人机技术，并采取一系列措施。如美国联邦航空管理局就制定了关于无人机飞行的一系列法律规定，其中包括要求警方在操控无人机执行监察任务前须获得批准、不得使用无人机进行

打猎捕鱼、禁止在一些活动中使用无人机、禁止无人机携带任何武器装备等。除此之外，美国各州、各地也都有关于无人机的法律规定出台。

无人机产业在我国已成为经济发展的新的增长点，我国民用无人机产业发展日益蓬勃，一些从事无人机研发生产的企业都在积极改革创新，以寻求更大的发展机遇。但是对于危害社会的无人机"黑飞"事件，相关部门必须重视，出台相关规定，加大管理力度，还天空一片宁静。

关于解决无人机"黑飞"问题，相关人士也提出了很多建议。

一是进一步完善法律法规。为促进无人机产业健康有序发展，维护航空安全、公共安全、公共安全，针对无人机驾驶中存在的问题，2023 年 5 月 31 日，国务院、中央军委发布《无人驾驶航空器飞行管理暂行条例》，加强对无人驾驶航空器设计、生产、维修、组装等的适航管理和质量管控，建立产品识别码和所有者实名登记制度，明确使用单位和操控人员资质要求；严格飞行活动管理，划设无人驾驶航空器飞行管制空域和适飞空域，建立飞行活动申请制度，明确飞行活动规范；强化监督管理和应急处置，健全一体化综合监管服务平台，落实应急处置责任，完善应急处置措施。《无人驾驶航空器飞行管理暂行条例》自 2024 年 1 月 1 日起施行，意味着无人机"黑飞"问题将会面临更为严格的约束和更为严厉的处罚。

二是加强法制宣传。无人机"黑飞"事件之所以屡禁不止，有以下几个原因：其一是无人机飞行者对于无人机法规存在知识盲区；其二是不清楚无人机"黑飞"带来的社会危害，存在侥幸心理；其三是不明确无人机飞行的申报规则。针对这些问题，职能部门应利用报纸、广播、电视、网络等媒体，加强航空文化宣传普及，让以娱乐为目的的无人机驾驶员知道，在娱乐的同时，牢记社会责任。

三是建立健全民用无人机飞行管制队伍。防控"黑飞"，除了要完善法规，还要保证法律法规的落实，做到有法可依、有法必依、违法必究。对于飞行高度较高的"黑飞"无人机，军方可用雷达及时发现，但对于飞行高度较低、飞在人员密集地方的无人机就难以察觉。针对这个情况，应进一步明确执法的责任主体，建立军警民联防联控机制，保证法律法规的落地。

四是建立无人机从研制生产到销售使用的全程注册制。现在在网上下单购买一台无人机，第二天就可能收到，十分方便。但是购买到的无人机基本上都是遥控的，驾驶员和无人机之间一般存在很大距离，常常是见物不见人，如果是"黑飞"往往找不到驾驶人员。这样一来，一旦发生了问题很多时候找不到责任人。当然不排除有的人可能还存在一种认识上的误区，认为微型无人机重量轻、遥控距离近，不会发生意外，事实上，这种微型无人机正是世界军事领域重点发展的方向。如美国国防部高级研究计划局正在开发一种可以利用新算法、无须远程操控、无须依赖 GPS 的小型无人机，它可以灵巧地飞过窗户，在布局错综复杂的房间、楼梯、走廊或是其他充满障碍的环境中完成自主飞行。如果将这种无人机用于非法活动，是很容易获得成功的。无人机不应该是普通的商品，应建立民用无人机从研制生产到销售使用全程注册制，将其纳入管制之中，进行限制。此外，还可运用物联网技术，对无人机的研制生产、销售使用进行实时监控。

五是发展建立技术防控手段。近年来，不少国家先后推出技术防控手段来治理无人机"黑飞"现象。法国的"无人机拦截者"无人机较为简单易行，是用普通无人机挂载一张由坚韧的材料制成的大网，可以缠住无人机，让无人机无法飞行，最终把无人机拖回来。英国则在各种建筑物上装配了一种结合了雷达、摄像头和电子干扰器的反无人机装置，只需 15 秒就能发现并干扰 4 英里（6.44 千米）范围内缓慢飞行的小型无人机。英国在各类重要场所安装了大约 70 万台这样的装置。这些措施值得我们借鉴。

二、飞行常见突发情况及应对

无人机在飞行中随时可能会遇到一些突发情况，以下是对于一些常见的突发情况及其应对措施的整理，飞手们可以提前了解学习，这样在遇到类似的突发情况时可以借鉴，从而保持冷静，从容处理。

（一）磁场干扰及应对

1. 指南针和 GPS 在无人机上的作用以及特性

（1）指南针。指南针用于辨别机头的地理方位（朝正北，北偏东多少度等）。特性：容易受到磁场、金属的干扰。

（2）GPS。GPS 用于判断无人机距离起飞点的竖直高度和水平距离。特性：容易受到无线电、磁场的干扰。

2. 竖直下降、悬停、姿态模式的概念及主要过程

（1）竖直下降。无人机保持某个方向和某个固定的竖直方向进行直线下降。此过程依靠指南针和 GPS 正常工作。

（2）悬停。悬停指的是无人机保持一定高度（相对于起飞点的某个高度）和朝向，并且在此过程中没有发生移动。其中，无人机一直朝着某个方向依赖于指南针的正常工作；保持某个高度依赖于 GPS 的正常工作。

（3）姿态模式（A 模式）。此模式下不依赖 GPS 和指南针进行定位，也就是说无人机在此模式下无法稳定悬停，无法返航，可能会出现偏移现象。

3. 磁场干扰程度

磁场干扰区依据无人机受到干扰的情况分为轻磁场干扰区（只有指南针受到干扰，其他正常）、中强磁场干扰区（指南针受到干扰，无人机和遥控器之间或者无人机和卫星之间的信号连接因为干扰过大而被切断）和强磁场干扰区（指南针受到干扰，无人机和遥控器之间以及无人机和卫星之间的信号连接均被切断）。

（1）轻磁场干扰区。由于指南针受到干扰（App 页面会出现"干扰过大"的警示字眼），所以在 P 模式（GPS 模式）下无人机将无法悬停，无人机将发生严重漂移，与此同时，无人机将无法正常返航，"一键返航"会出现无人机距离起飞点越来越远的情况。

应急措施：在此干扰区由于无人机在 P 模式（GPS 模式）下会发生严重漂移，返航功能失去作用，所以飞手应该用 A 模式（姿态模式）档，并操控右杆（美国手）朝反方向（无人机飞入干扰区的反方向）飞行来使无人机尽快飞离干扰区。

（2）中强磁场干扰区分以下两种情况。

指南针受到干扰外加无人机和卫星之间的信号连接被切断：由于指南针受到干扰（App 页面会出现"干扰过大"的警示字眼），不久后 App 左上角显示卫星数为 0，但是无人机和遥控器之间仍有信号连接。此状况下无人机的表现症状和应急措施与"仅指南针受到干扰"一样。

指南针受到干扰外加无人机和遥控器之间失去信号连接：App 页面会出现"干扰过大"的警示字眼，移动设备在不久后会发生黑屏，那么就会触发失控返航，但是由于指南针受到干扰，无人机无法正常返航，所以如果不做任何操作，无人机可能会越飞越远（前提是飞机通过 GPS 判断返航点距离起飞点的水平距离超过 20 米，若在 20 米内飞行器将竖直下降）。返航过程可以通过 App 页面的红色的叉来取消返航，从而避免出现无人机离起飞点越飞越远的情况。

应急措施：飞手应该立马带着遥控器以最快的速度去追赶无人机，尽快缩小两者之间的距离（如果没有干扰，无人机与飞手之间的距离缩小将使无人机和遥控器之间的信号连接增强），尝试让遥控器和无人机之间重新建立连接（成功建立连接后遥控器指示灯变绿，再过一段时间后移动设备才有图传。由于时间紧迫，应该利用遥控器指示灯颜色来判断遥控器是否和无人机之间重新建立了信号连接），然后立即使用 A 模式，再操控右杆（美国手）使无人机反方向（飞入干扰区的反方向）飞行来飞出干扰区（此过程中应该让遥控器尽量靠近无人机来防止遥控器与无人机之间失去信号连接）。

（3）强磁场干扰区。此时遥控器与无人机失去信号连接，无人机将进入失控返航模式。但是由于没有 GPS 信号，无人机将无法判断与起飞点的水平距离和竖直距离，此时失控返航将表现为飞机带漂移地下降（竖直下降也依靠 GPS 和指南针的正常工作），下降过程中飞机受到的干扰会随着与干扰源的距离的缩小而增强，无人机和卫星、遥控器之间将无法再次建立信号连接，所以此过程的应急措施和中强干扰区中的应急措施相同。当然，如果此时无人机下方适合降落，则可以耐心等待让无人机安全降落在地面。

以上应急措施的最终目的均是让无人机尽快飞出干扰区，而不是让无人机尽快降落。原因如下：磁场的强弱受到干扰物分布情况和无人机离干扰物远近的影响，在干扰区内飞行，可能会造成无人机受到更强的干扰。如果在干扰区内降落，无人机受到的干扰会随着降落过程中无人机与干扰物之间的距离缩小而增大，进而使遥控器信号和卫星信号被扰断的风险增大。所以应该尽快让无人机飞离干扰区，避免问题复杂化。

4. 总结

（1）为了无人机的安全，在新飞区域飞行前需要使用地图工具查询放飞地点附近是否有金属加工厂、矿区、手机信号塔等会对无人机信号产生干扰的地方，如果有，则不能在该地点放飞。

（2）如果在飞行过程中误入磁场干扰区，则需要根据情况按照上述相应的应急措施来操作。

判断起飞点是否处于磁场干扰区的方法：在无人机准备起飞前，若 App 页面显示"干扰过大"的警示字眼，则飞手需要移动无人机到该起飞点附近并且没有磁场干扰的区域。多次重复上述操作后，若 App 页面一直有"干扰过大"的警示字眼，则证明该地区属于磁场干扰区，不适宜飞行。

（二）图传与安全飞行[①]

无人机航拍的核心技术之一就是无线图像传输，传输能力的大小是衡量无人机航拍能力的一个重要指标。

1. 图传卡顿及应对

（1）保持安静理智，不慌张，才能在丢失图传的情况下操控无人机安全飞回。

（2）只要遥控器存在信号，无人机就仍然在可视范围内，此时依然可以操作无人机安全地飞回来。

（3）在无人机飞得很远，而设备由于过热导致图传卡顿的情况下，仔细查看 App

---

① 飞行安全无小事——浅谈图传与安全飞行 [EB/OL]. (2015-08-27) [2023-11-06]. https://bbs.dji.com/thread-23102-1-1.html.

上的地图和姿态球，可以发现，虽然没有图像，但 OSD（on-screen display，屏幕菜单式调节方式）的数据还是正常的。在这种情况下，如果周围没有高于飞行高度的障碍物，可以直接返航或者按照地图上的直线方向飞回来，如果有碰上障碍物的可能性，最好根据运动轨迹原路返回（这个情况下要注意电量）。

（4）无人机卡顿与图传丢失是有区别的。拥有自动返航功能的无人机官方说明书中一般都会提到，在图传丢失信号 3 秒后，会触发自动返航。所以，如果 App 提示返航并且有遥控 OSD 数据时，应该根据周围环境判断是否需要自动返航或者手动返航。

2. 图传信号弱及应对

（1）图传信号弱的情况通常是很多新手因为不了解天线知识而导致的，如果认真地研读说明书，就会发现很多问题可以迎刃而解。

（2）遥控使用的是线性极化天线，这种天线最大的特点是它所指向的地方就是信号强度最弱的地方，所以有时候如果图传信号微弱，在无人机飞得还不是很远的情况下动一动天线，让辐射功率最大的地方对准无人机，说不定信号就有成倍的改善。判断天线信号特征数据的图叫作辐射图（见图 6-14）。

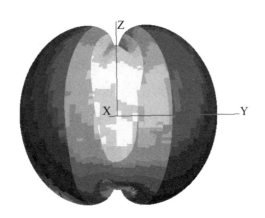

图 6-14 辐射图

以大疆无人机为例，按照大疆的说明书，两根天线平行放置，这样就能达到一个良好的信号发射与接收条件（见图 6-15）。

3. 环绕拍摄建筑物

（1）当无人机和遥控器被遮挡后，很有可能会导致图传信号甚至是遥控信号的丢失，从而触发失控返航。所以，在拍摄一些环绕目标建筑物的镜头时，如果在拍摄返航路上有可能遇到障碍物，则需合理设置返航高度。具体步骤：飞控参数设置 → 高级设置 → 返航 → 返航高度。

信号强　　信号弱

图 6-15　最佳通信范围

（2）飞手尽量要与建筑物保持足够的距离，这样就能避免大范围的遥控器信号被遮挡的问题。

上述问题都是在飞行过程中可能遇到的一些安全隐患。飞手在飞行时如果出现问题首先要保持沉着冷静的心态，然后思考对策，操作无人机返航或者降落。

总而言之，飞手熟练掌握无人机的操作不仅仅是为了让它"飞起来"，更是让它"飞得安全"。娴熟的操作技术可以帮助飞手在遇到突发意外时保持冷静，这是底气也是从困境获得突围的关键所在。在规则层面上，无人机的飞行场地较地面变得更为广阔，但这并不意味着原有的束缚被完全解绑，遵守空中规制，才能获得真正的飞行自由。

第七章

无人机新闻报道技巧

当今无人机航拍已经崛起，成为新闻摄影领域的新兴势力，与传统的新闻摄影相互补充、相得益彰。作为身处一线的新闻工作者，如何把握先机跟上科技的步伐，了解、掌握、运用无人机，助力新闻报道，已经成了新闻实践道路上必须思考的问题之一。

第一节　无人机的使用技巧

一、培训技巧

当前，无人机培训市场正处于起步阶段，只有极少数飞手接受过正式的培训。据初步估算，我国 2018 年需要的无人机操作维护人员就已达 20 万人，而目前全国从事无人机飞行的无人机操控者仅有近 10 万人，处于供不应求的状态。当前，无人机培训的核心主要集中在无人机安全培训、无人机操作培训和无人机航拍培训三个方面。

（一）无人机安全培训技巧

首先，无人机在航拍中需要注意应尽量避免摔坏。

（1）飞行环境应注意远离高压线、手机基站、大片金属材料等干扰源。大风和雨雪天气不要强行起飞。

（2）起飞前要检查螺旋桨是否上紧、指南针是否受到干扰、GPS 卫星数量是否足够和稳定、遥控器天线是否调整到最佳位置。

（3）无人机尽可能满电起飞，遥控器电量要足够，要留足返航和下降操作的时间。冬季要注意电池保暖。

（4）低空飞行一定要在视眼范围内，要密切观察无人机飞行姿态和轨迹，防止撞到障碍物，不能只顾着看屏幕。

（5）万一出现无人机失控的情况，须迅速将其模式切换为"姿态模式"，如果仍然失控，则马上切换到手动模式。注意，手动模式较难操作，要操纵无人机尽量远离周围的人、车等物体。

其次，在航拍中应尽量避免无人机给自己带来危险。

（1）新手一定要经过培训才能独自操纵无人机。

（2）起飞和下降落地时，操作者要远离无人机 5 米以上。

（3）安装螺旋桨应是起飞前的最后一个步骤。

（4）有些型号的无人机会提供螺旋桨保护罩配件，一定要装上。

（5）无人机落地停稳后，一定要等螺旋桨彻底停止转动后才能接近无人机，靠近后要注意第一时间关闭无人机电池。

（6）如果出现无人机失控，切换到手动模式仍然失控下坠，为防止坠地给周围的人造成二次伤害，要立刻掰杆关闭螺旋桨。

（二）无人机操作培训技巧

目前，无人机的驾驶技能可分为目视飞行、超视距飞行和自主式飞行，对应于有人机的目视飞行、仪表飞行和自动驾驶。

（1）目视飞行。无人机的目视飞行和有人机的目视飞行有本质不同。有人机的驾驶员和飞机合为一体，前后左右上下三维坐标是一致的。而无人机驾驶员不在飞机上，前后左右上下三维坐标是不同的。无人机驾驶员要凭目视判断无人机所在的三维坐标位置和无人机飞行姿态，才能有效操控无人机。这种操作必须要培训成为一种本能，而容不得去推理转换坐标。

（2）超视距飞行（FPV）。在视距范围外，无人机驾驶员目视不到无人机，只能靠无人机数据链传送回来的状态数据和视频图像来操控。这类似于有人机的仪表飞行，但也有很大的不同，一是无人机的数据链传输有延时，感知和操控都反应迟缓；二是无人机传感器能力有限，不可能将飞机上人的经验感觉全部感应出来。

（3）自主式飞行。无人机全程编程飞行，完全依靠无人机载导航功能，这和有人机自动驾驶在原理上是一样的。

（三）无人机航拍培训技巧

航拍既是一门艺术活，也是一门技术活。这要求操作者不仅要了解相机的设定、摄影的构图以及镜头的运动等方面的相关专业知识，更需要了解无人机的性能、电池的续航及速度控制等性能。在对设备全面了解的基础上，结合自身对审美的独特认知并勤加练习，才能拍摄出理想的航拍作品。

在航拍摄影中一般会用到如下拍摄技巧。

1. 直线飞行

在 GPS 模式下，直线飞行有多种拍摄方法。

（1）直线向前飞，镜头向前。这是最常用的拍摄手法之一，一般拍摄海岸线、沙漠、山脊、笔直的道路等专业多用这种手法。画面中镜头向前移动，也可从地面慢慢抬起望向远处，镜头一气呵成。

（2）直线向前飞，镜头俯瞰。正俯的镜头常用于拍摄城市、森林，特别是一条笔直的路、一排整齐的车辆、树、房子等。直线向前飞，镜头俯瞰，因为存在高度、速度、拍摄物的不同，可体现规模数量及整齐度。

（3）横向飞行，镜头平视。用这种手法拍摄城市，特别是用了中长焦镜头后，可以呈现一种城市森林的感觉，还可以像是在轨道上横向移动拍摄一样，渐渐移开前景出现背景。

（4）垂直上下飞行，镜头平视或俯仰。这种拍摄手法有一种坐电梯的感觉，垂直向上呈现一种向上的力量感，适合逆光拍摄高大的建筑。无人机垂直上升，镜头俯拍，这种快速拉升的动作镜头从局部迅速扩张至大全景，这一招还可以加上转圈动作，边转边拉升，视觉效果非常震撼。

2. 斜线飞行

斜线飞行最常用的技巧是"掠过"，但又分为如下几种情况。

（1）斜向下飞行，镜头向前。无人机从高处斜向下飞向一幢建筑物。

（2）斜向上飞行，掠过前景。镜头向前，无人机向上，简单地说也可以叫"拉升"，这一方法在好莱坞和印度电影中经常使用，有一种豁然开朗的感觉。

（3）斜向上对着目标飞行。掠过时调头俯拍，最经典的是《碟中谍4》中的一个镜头。

（4）斜向下后退飞行，掠过前景，镜头后退。这种拍摄手法相当于反向掠过，从大全景边降边后退，掠过前景出现主体。往往用在影片的开头，镜头从一个大环境慢慢转到一个个个体，但是，一般来说拉升容易下降难，下降如果速度过快很容易引起摔机，有风的情况下更要小心，多轴飞行器一般下降速度在 2 米 / 秒以下才是比较安全的。

3. 定点悬停

如今的飞控很容易实现定点悬停，像大疆入门级飞控 NAZA，无风的情况下在空中基本可以定住不动。定点悬停最适合拍摄照片，有一些大场面的视频如城市全貌、大瀑布等也可以用这个手法拍摄。无人机和镜头角度都固定不动，正俯向下的镜头适合拍摄有几何形状的建筑物，或者拍摄体育场的赛事活动。无人机或者摄影机云台定点转圈俯拍，这种方式在美国电影中经常使用，多用于拍摄建筑、森林、道路、悬崖、瀑布、庙宇、殿堂、车站等。

4. 跟随拍摄

跟随拍摄如同斯坦尼康跟拍一样，但航拍的优势是不受空间的限制，可以在高度和角度允许的情况下自由飞行拍摄，跟拍可以在后面、前面和侧面，常常用于拍摄极限运动如赛车、滑雪、冲浪等，在一些动作电影中也较常使用。另外，在一些美国大片中警察抓人的现场航拍，也都是跟拍，电影《速度与激情 5》中就有一段低空跟拍车队的长镜头。

5. 定点绕飞

定点绕飞又称"刷锅"，是指以一个主体为中心点，无人机围着它转圈拍摄。对于一些孤立的主体最适合用这一招了，如今用多轴飞行器刷锅拍摄也不是一个很难的技巧了，特别是在 GPS 模式下转一个正圆并不难。但是，有风的情况下就会有些困难，无人机在顺风和逆风两个面会有高度的变化，顺风面会升高，逆风面会下降，比较难控制。定点绕飞常用的拍摄手法有平行高度转圈和俯拍转圈，平行高度转圈时无人机与拍摄主体的高度一致，更能突出拍摄对象，而俯拍转圈时无人机比被拍摄物高，要表现一个人的孤独可以用这一方法，但速度应该慢一些。

二、使用管理

2023 年 5 月 31 日，国务院、中央军委发布了《无人驾驶航空器飞行管理暂行条例》。该条例适用于微型、轻型、小型、中型和大型无人驾驶航空器，要求民用无人驾驶航空器所有者应当依法进行实名登记，涉及境外飞行的民用无人驾驶航空器，应当依法进行国籍登记。使用除微型以外的民用无人驾驶航空器从事飞行活动的单位应当具备相应条件，并向国务院民用航空主管部门或者地区民用航空管理机构申请取得民用无人驾驶航空器运营合格证。

根据《无人驾驶航空器飞行管理暂行条例》的规定，微型、轻型无人驾驶航空器在适飞空域内飞行的，无须取得特殊通用航空飞行任务批准文件。目前，主流的新闻航拍无人机，大疆的 Phantom 系列、Inspire 系列、Mini 系列、Air 系列、Mavic 系列、Avata 系列都在 4 千克以内，都属于"轻型无人机"。也就是说，按照《无人驾驶航空器飞行管理暂行条例》的规定，操作微型和轻型无人机并不需要特定的飞行执照，但在实施飞行活动时应当遵守下列行为规范：实施飞行活动前做好安全飞行准备，检查无人驾驶航空器状态，并及时更新电子围栏等信息；实时掌握无人驾驶航空器的飞行动态，实施须经批准的飞行活动应当与空中交通管理机构保持通信联络畅通，服从空中交通管理，飞行结束后及时报告；按照国家空中交通管理领导机构的规定保持必要的安全间隔；操控微型无人驾驶航空器的，应当保持视距内飞行；在夜间或者低能见度气象条件下飞行的，应当开启灯光系统并确保其处于良好工作状态；实施超视距飞行的，应当掌握飞行空域内其他航空器的飞行动态，采取避免相撞的措施；受到酒精类饮料、麻醉剂或者其他药物影响时，不得操控无人驾驶航空器；遵守国家空中交通管理领导机构规定的其他飞行活动行为规范。同时，在实施飞行活动时要遵守下列避让规则：避让有人驾驶航空器、无动力装置的航空器以及地面、水上交通工具；单架飞行避让集群飞行；微型无人驾驶航空器避让其他无人驾驶航空器；国家空中交通管理领导机构规定的其他避让规则。

除此之外，《无人驾驶航空器飞行管理暂行条例》还对无人驾驶航空器飞行空域进行了具体划定，需要注意无人机飞行高度限制在真高 120 米以下空域，同时对无人机飞行活动申请和权限批准也做了明确规范。

三、应急处理 ①

越来越多的普通人购买航拍无人机，越来越多的航拍无人机服务于我们的生活。但是因为大部分的用户都是经验不丰富的普通玩家，一些突发的状况很可能引起炸机甚至造成伤人等更大的事故。

（一）图传画面中断

飞无人机时最常见的问题就是图传画面中断，若是飞出了视距后看不到图像很令人紧张。不过如果只是图传中断并不可怕，此时无人机的飞行还是正常的，松手它也会悬停。这时，可以先调整一下天线的角度，如果还不行则可以看地图，按大概方向将无人机先飞到附近；新手也可以选择按"一键返航"。

需要注意的是，最好让无人机飞到比较高的高度以避免撞上障碍物。"一键返

---

① 想避免航拍无人机炸机吗？意外发生时不要放弃治疗 [EB/OL].（2017-06-20）[2023-11-06]. https://www.sohu.com/a/150446565_792555.

航"不会很精确，在地面不是很开阔的地方可以先用"一键返航"飞回视距内，然后通过手动控制降落。

（二）迷失方向／操控延迟

在夜航或是地面没有明显的参照物时很容易飞得晕头转向，此时最好也让无人机爬升到一个相对安全的高度，然后按照地图飞到大致的方向。

一些用手机 Wi-Fi 控制的无人机在远距离时还可能出现操控性下降、转向不听话的情况，建议此时可以果断使用"一键返航"，虚拟遥感或是体感的控制精度远不如遥控器，相对来说自动返航反而更靠谱。

（三）GPS 丢失与磁罗盘干扰

无人机飞行最怕的是 GPS 丢失与磁罗盘干扰，因为消费级无人机之所以能稳定地飞行，全靠 GPS 提供位置、指南针（磁罗盘）指示方向。没了 GPS 位置与磁航向，无人机将只能全靠飞手的控制，此时的操控难度就很大了。

不过也不要太害怕，首先，大部分情况下 App 提示的"磁干扰"只是个预警，是告诉你磁环境不好需要注意，还没到迷失方向的地步。极端情况下的 GPS 丢失、磁罗盘被彻底干扰后，无人机切换到"姿态模式"，气压计依然可以定高，陀螺仪依然可以稳住姿态，这时尽量让无人机在开阔的空域飞行，过一会儿后很可能又恢复正常。如果还不能恢复正常，则可以尽力飞到附近空旷的地方或是快速跑到无人机附近，近距离通过纯手动控制降落。此时更要注意让围观群众远离。

（四）强风

无人机首先要尽量避免在强风中飞行，但有时候可能会突然出现阵风，也不用太担心，其实无人机飞行时的抗风性还是不错的，它抗风性较弱的时候反而是起飞和降落的时候，如果起飞时遇到阵风可以果断推油门起飞，收油门反而容易出问题；飞行时遇到强风也不要着急降落，可以等风稍小时再降落。

（五）故障失控

四旋翼无人机中任何一个螺旋桨出现故障都可能导致无人机的完全失控，面对这类机械故障导致的失控，基本无法通过操控来避免事故的发生。同时，应避免为了保全设备而试图徒手辅助失控无人机降落的情况发生，螺旋桨的切削力和自由落体下坠的冲击力可能直接导致人员受伤。另外，无人机失控跌落后，需要尽快完成无人机的"停机"操作，避免不必要的附带伤害。

第二节　无人机新闻的拍摄技巧

新闻航拍无人机与消费级无人机有很大的不同。消费级无人机的拍摄比较随意，通常只要拍摄出分辨率较高的俯瞰画面就能够让消费者满意了。而新闻航拍无人机需要在一定的时间内对目标物体进行持续拍摄，并且其拍摄距离和角度都要符合新闻拍摄的要求，对于目标凝视和画面防抖都有一定的限制。此外，新闻航拍无人机使用过程中会遇到阵风、建筑物遮蔽等多种环境干扰的情况，这就对飞手提出了较高的要求。通常来说，现在的航拍无人机产品在风力小于 3 级的时候都能够提供较为稳定的拍摄画面，但如果对新闻画面的质量有更高要求的话，还是需要加装设备并掌握一些技巧的。

一、拍摄画质

为了同时满足平稳飞行和高质量画面这两个条件，在新闻航拍无人机上安装稳定的平台是必要的。虽然早在 1936 年，以稳定陀螺仪的测距仪就已经出现在战列舰上，但是无人机的小尺寸和灵活多变的飞行姿态对陀螺仪提出了更高的要求。一般来说，重量小、集成度高的微机电 MEMS 陀螺组件是一个不错的选择。MEMS 时刻检测平台的角度和角速度信息，并将其反馈给平台驱动电机，以此来抵消无人机姿态变化的影响，使平台上的摄像机视轴保持稳定。

这种平台可以隔离空气吹拂和机体振动等扰动，使无人机能持续提供清晰的视频图像。另外，有的平台还能快速响应控制信号，使摄像头的视轴能够时刻跟随目标进行跟踪拍摄。因此，带有云台的航拍无人机需要飞手和云台手的通力合作才能更好地完成拍摄任务。对云台的熟练应用可以让无人机在较大的风力中也能拍摄出画质较好的影像，这主要是由于多旋翼无人机在执行抗风动作的时候，会不可避免地出现机身倾斜或旋转，固定在机架上的摄像机拍摄到的地平面此时便会倾斜，影响画面质量，而云台则能隔离无人机本身的姿态变化对摄像机的影响，使拍摄画面稳定。

无人机上的减振垫和减振橡胶则是默默改善拍摄质量的英雄。减振垫能够减少机体振动对飞控部件的影响，这一点往往会被初次组装无人机进行拍摄的爱好者所忽略。实际上，再好的云台也难以完全消除无人机因飞控受机体振动激发出来的飘摆运动对画面的影响。当飞控没有通过减振垫与机体连接的时候，无人机拍摄出来的画面会产生扭曲现象。这在拍摄高层建筑的外墙或者笔直的公路的时候尤其明显。①

---

① 邢强. 新闻航拍无人机的使用与维护 [J]. 青年记者，2016（6）: 19–22.

二、拍摄高度

相对于常规地面拍摄而言，无人机航拍首先提供了一个脱离水平地面的、更高的高度和更广阔的视域空间。航拍是一个由高度和空间构成的立体、分层的影像空间环境，如同电视画面的景别一样，远、全、中、近、特等都在航拍影像表达上承担着不同的功能。无人机航拍的高度决定着影像空间的大小和视域范围。高度在1000米以上的航拍影像因为缺少层次感、对比和参照物，影像效果会比较平淡。从航拍影像的叙事角度而言，大多数纪录片航拍的基本高度在500米以内的空间范围，而承担主要叙事功能的影像画面一般都在200米以下的高度进行航拍。200米以下的高度范围和视域空间对人类而言，既熟悉又陌生，比较易于拍摄出富有冲击力的影像。随着人们对航拍影像细节的追求，无人机航拍高度持续降低用以表现影像空间的饱满和被拍摄对象的细节，因此，低空、超低空航拍备受影像创作者和观众的青睐。从150米至50米，再到距离地面十几厘米的贴地飞行高度，人们在追求宏大写意影像的同时，也在不断探索微观的细节影像的表现空间。①

三、拍摄角度

在无人机航拍实践中，远景和全景是无人机常见的表现方式。特别是远景，通常情况下，无人机可在200米以上的空间自由取景，有的甚至可以突破500米。而对于中景、近景，尤其是特写镜头，则是无人机的弱项，特别是对于固定翼无人机而言，想要拍摄特写镜头，更是不可能完成的任务，即使是搭载多轴飞行器的航拍设备，一旦接近拍摄主体，则必须考虑无人机本身的气流扰动对拍摄主体的影响、镜头的稳定性、飞行控制的安全因素等一系列问题。当然，特写镜头并非无法实现，只是在实践过程中，需要考虑得更加周全，而取景的成功率却更低。

在影像创作中，角度非常重要，它决定了画面的构成形式和视觉表达，同时也是影像造型的基本手段和影像创作风格的体现。选择不同的角度，可以体现影像创作者不同的创作意图和创作风格。由于无人机航拍的运动性和空间感为拍摄角度提供了诸多的可能性，进而丰富和延展了人们对被拍摄对象的关注视角和焦点，同时创造出普通地面拍摄无法比拟的独特影像魅力。无人机航拍的角度可以因为航拍器材持续运动状态的不同而分为水平、倾斜和垂直三种方式。不同的运动方式提供了不同的拍摄角度。水平角度在无人机航拍中被大量使用，由于其类似于鸟的主观视角，也符合人类正常的平视角度，所以感觉比较自然。倾斜角度是航拍作品中最为

① 梁自强. 论无人机航拍与纪录片的影像创意及美学探索 [J]. 电视研究，2016(11)：57-59.

普遍的拍摄角度，在影视作品中需要展现宏大场景和表达磅礴气势时，大多会使用倾斜角度来航拍。倾斜角度的视域广、收纳的拍摄对象多，并且具有大景深、极强的纵深感和透视感。垂直角度是一种俯瞰视角，具有很强的视觉冲击力，也是被现在的影视作品越来越多地使用的一种航拍角度。[①]

四、拍摄速度

速度对于无人机航拍来说就是节奏的快与慢，不同的航拍速度会产生不同的视觉感受和心理反应。因为航拍速度所产生的张力，使得观众与影像画面之间建立起了一种互动的心理空间，时而激情澎湃，时而舒缓缠绵，真正体现了无人机航拍的速度与激情。人对速度的感受主要依靠参照物的衬托来确定其快慢程度，航拍的高度越高，参照物越少，速度越难以表现。无人机航拍的高度与飞行的速度决定了画面运动的速度感，因此，无人机航拍的速度魅力大多体现在低空和超低空范围的拍摄中。无人机航拍影像的速度和速度感对被拍摄主体在构图中的空间感觉会产生一定的影响，不同的节奏、不同的速度会使观众产生不同的视觉感知和心理反应。无人机距离地面越高，航拍速度感越慢；距离地面越近，航拍速度感越快，视觉冲击力越强。

五、光线运用

无论是何种摄影，对光的理解和掌控永远是最重要的技巧。强光（例如阳光直射的正午）摄影难度很大，即便对经验老到的摄影师也是一种挑战。在这种情况下拍摄，注意不要直面阳光，否则照片很容易过曝，并且缺乏景深。在摄影界中有一个"黄金时段"的概念（通常指日出和日落前的一小时），这段时间的光线最适合拍摄。

六、构图技巧

无论是照片还是视频，合理的构图总能帮助我们突出拍摄主题，表达拍摄思想。通过构图，我们就能大概弄清楚画面的整体结构该怎么调整，让画面效果最佳。由于无人机本身的限制，目前我们无法对无人机如单反相机一样灵活控制，但可俯仰的镜头和旋转的机身，依然能给我们的创作提供很大的空间。

---

① 梁自强. 论无人机的航拍与纪录片的影像创意及美学探索 [J]. 电视研究，2016（11）：57-59.

七、特殊环境

新闻航拍无人机应用的特殊场合，主要是指低温环境和火灾环境。北方冬捕、高山滑雪等新闻场景的拍摄，需要无人机在零下十几度的环境中持续作业，这对无人机和飞手都提出了更高的要求。减振橡胶的减振效果对温度较为敏感。当新闻工作者在温度较低的环境中进行作业的时候，要注意提前更换减振橡胶或者减振柱，使用针对低温环境进行过特殊处理的橡胶，以确保减振在低温环境中的有效性。

对于采用锂电池驱动的无刷电机作为动力来源的航拍无人机来说，低温环境对电池的影响是个不容忽视的问题。在我国北方冬季进行作业的新闻工作者经常会遇到智能手机因在低温环境中通话而迅速失电并自动关机的情况。当电池温度低于15℃的时候，其化学活性已开始降低，电池的内阻开始增大。当温度更低的时候，内阻的增大使锂电池的放电能力显著下降。当电芯电压低于3V时，无人机的无刷电机将难以维持无人机的正常飞行。当温度低于 –20℃时，带有管理电路的电池会切断电力供应以避免电芯过放从而导致无人机坠毁。因此，在低温环境中拍摄的无人机正式进行航拍作业之前，要带电低空悬停1分钟以上，以便飞手了解无人机整机在低温环境中的表现情况，对飞行计划进行调整，同时利用电池自身的发热来抵御严寒的不利影响。在掌握当地天气情况并对光照和风力等因素进行通盘考虑后，还应时刻监控无人机的状态。另外，应当适当调高无人机电池的报警电压，以便适应锂电池在低温环境中陡峭的降压曲线。在高原地区进行取景拍摄的时候，空气密度较小，无人机的旋翼需要更高的转速来产生足够的升力，此时无人机的耗电速度要比平时快。飞手要时刻注意监控电池状态，以免无人机坠落。另外，高原地区往往阵风频发，无人机在抵御大风的时候也会多耗能量。因此，在高原上航拍时，飞手要准备多块电池，随时准备替换。在火灾现场工作的时候，航拍无人机往往难以正常执行任务。高温空气中隐藏着大量乱流，对飞行的稳定性产生不利影响。普通的航拍无人机在经过噪声滤除和图像处理后，仍难以提供优质的实时画面。普通航拍无人机在耐高温和耐腐蚀方面也没有进行相应的处理，难以保证在事故现场飞行的可靠性。"8·12"天津滨海新区危险品仓库爆炸事件发生后，公安部、消防局迅速调集了北京、河北、山西、山东总队的8架消防无人机，随同31名通信技术人员连夜赶往天津。这些消防无人机向救援人员提供了大量现场实时高清画面，为救援工作的顺利开展提供了有力的技术支持，新闻工作者对现场情况的摄制也借助了消防无人机的帮助。消防无人机上搭载红外探测设备或者彩色高分辨率面阵CCD设备，能够在距离地面 500 ～ 2000 米的空中对火灾现场进行实时监控。红外设备可以感知人类肉眼难以察觉的暗火、阴燃等情况，对火场或者刚刚扑救之后的场地的了解更为全面。采用特殊波段进行探测的传感器还能够透过火灾现场的浓烟毒雾，感知消防人员迫切想要了解的火灾中心的具体情况。从这个角度来看，新闻航拍无人机不妨准备一些适用于高温环境或者其他极端环境的无人机机体和专业拍摄设备，以备不时之需。①

第三节　无人机新闻报道的思维技巧

一、用背景解读新闻

新闻背景是新闻的必备要素，清晰的新闻背景一方面可以阐释新闻发生的原因，衬托升华新闻主题，另一方面能凸显新闻事实，揭示隐藏在新闻表象背后的意义和内涵。在传统的新闻采编中，新闻背景由于其难以被镜头捕捉且内容复杂无法通过单一的报道视角呈现，往往背景叙述的方式较为单一，通过直接或间接的采访或者直接叙述的形式，不可避免地带有记者的个人感情。无人机由于其良好的纪实性为背景的展开提供了一个更好的空间感，把人眼观察不到的部分展现出来，使得隐藏的背景空间被直面铺展到观众的视野中，既为新闻解读提供新的视角，又可避免愈加严重的同质化现象。

用背景解读新闻的过程中需要注意以下方面。

（1）摆脱模仿，激发原创思维。无人机新闻在国内由于起步较晚，发展仍处于摸索阶段，利用无人机俯拍等灵活多变的镜头视角为新闻记者的原创之路提供了新的灵感。媒体的核心竞争力仍是内容的生产和创造，在信息爆炸的时代，唯有深度挖掘新闻，利用无人机探寻新的角度才可以获得核心竞争力。

（2）树立求异思维。记者在试图用背景解读新闻的同时，一定要抛弃传统媒体的固化视角和刻板印象，从同一件新闻的不同角度去思考，甚至从无人机的航拍过程中发现超出常规经验的新鲜事物，唯有保持不断的新鲜感才有可能创造出良好质量的新闻报道。

二、精彩画面提高新闻价值

媒介是人体感官的延伸，无人机以其"上帝视角"为我们带来全景报道的同时，其优秀的现场画面感，视觉效果的震撼性，也为新闻报道拓展了新的空间。航拍无

---

① 邢强. 新闻航拍无人机的使用与维护 [J]. 青年记者，2016（6）：19-20.

人机能够从之前少有的俯瞰视角获得新闻场景的全局画面，实现新闻工作者梦寐以求的"360°无死角拍摄"，解放了新闻工作者的双手和双腿，无论是熔岩流动的火山内部，还是北极冰川的缝隙内，曾经难以想象的地方和禁地都可以被探索发现。当人们在用手机刷新当天的新闻网页或者用电视来收看新闻报道的时候，会看到越来越多的由无人机拍摄的画面。人们获取信息的能力和制作新闻画面的手段正在以前所未有的速度发生着变化，而如此巨大的变化又在潜移默化地改变着我们的生活，让新闻的真实与美好以更亲和的方式走进我们的生活。

读图时代，观众对图片和报道的要求越来越高，新闻价值随着信息的大爆炸愈加珍贵，作为记者要努力做到：①运用联想思维，开拓新闻价值面。不能单纯凭借无人机的视角去发现新闻的价值点，而是始终将无人机作为高效表现新闻的手法之一，更多地借助自身的工作经验和积累，将身边大大小小的线索联系起来，透过表面现象串联起新闻事实，可以有效地指挥无人机拍摄到其他记者所不能发现的角度，从而提升整体的新闻价值。②利用互联网，为与无人机结合寻求立足点。互联网可以将历史和未来串联在同一个时空下，通过互联网的连接互通功能，探索无人机的拍摄手法和拍摄技巧，将自身的思想充分投射到无人机的拍摄过程中，使得无人机真正取代人的视角，实现人机合一。

三、提高纪实新闻的故事性

在科技发达的今天，获取信息的手段已经不再成为决定新闻好坏的关键能力。无论是传统媒体还是门户网站，建立自己的无人机团队已经越来越普遍。技术的进步让纪实片段的获取变得容易，这意味着焦点可以从无人机技术回归到新闻故事事件本身，"如何说故事"以及"如何说好故事"成为传媒竞争的核心力量。在未来，记者需要思考的是如何用更新鲜和引人入胜的方式来消化无人机收集而来的影像和数据。目前，美国俄克拉何马州大学开设的"无人机导论"课程就包含了如何利用影像实现3D建模、遥感等相关内容。在未来的新闻场景中，人机伙伴关系将成为新闻媒体工作者的一种"新型关系"，每一个记者将和自己的无人机形成默契，具备感知能力、交互能力与学习能力的无人机将自主完成很多任务，因此也成为一个空中新闻智能机器人。

具备讲故事的能力在可预期的未来将成为区分媒体竞争力的重要衡量指标。①做会说故事的人。随着无人机的普及，必然使得无人机成为新闻机构的常态报道手段，如何在同样的一片领域讲出不一样的故事考验记者的新闻专业素养，无论是选择另辟蹊径的拍摄角度还是利用经验做出拍摄判断，一份优质的航拍始终依赖于记者千锤百炼的临场经验以及反应速度，在追求更快更广的报道信息的同时，如何利用传输回来的资料挖掘深度新闻将是未来无人机新闻报道的必然趋势。②利用社交平台，注重应用场景。在"无人机+"时代下，亲近社交平台，达到资源共享和互换是媒体最终吸引流量的制胜法宝。随着 VR、AR、人工智能等科技的发展，智能场景下的购物、娱乐，乃至新闻报道都成为可预期的未来发展方向。社交平台上尤其需要"段子手"一般活跃的故事生产者，而如何充分与科技相结合，在各类场景中利用自身的职业经验丰富新闻内容，在沉浸式的阅读和报道中实现变现之路则是未来媒体人共同探索的方向。

第八章

无人机新闻报道的探索

媒介理论家麦克卢汉曾提出"媒介即人的延伸"的概念,即任何媒介都不外乎是人的感觉和感官的扩展或延伸,媒体的每一次突破性发展都意味着人类感官能力的进化与提升。

无人机航拍作为一种全新的现代化报道方式,被越来越多地应用于电视新闻报道中。航拍这种手法不仅能让人们从难以达到的高度俯视事物的全貌,给人以整体的形象描述和宏观的视野,成为实景展示中最有表现力的手段;还能增强电视新闻报道的时效性与专业性。可以说,航拍极大地拓宽了电视传播的广度与深度。[①]

第一节　无人机对新闻深度的探索

一、什么是深度新闻

(一)深度新闻报道的定义

深度新闻报道理论及其报道形式发轫于 20 世纪 40 年代的美国,后来传播到英国、法国、日本等国家,在指导新闻实践方面产生了广泛而重要的影响。1978 年出版的《世界大百科》一书,把深度新闻报道的增加称为"20 世纪以来美国新闻史上的一个发展趋势"。深度新闻报道占据我国传媒的主导地位,当前随着审美水准的提高,人们对深度新闻报道的品种、质量的要求也越来越高。

---

① 张勇. 中国媒介语境下的电视航拍报道 [J]. 大众文艺,2010(7):150.

对于深度新闻报道的定义目前有以下几种说法。

一是报道形式说。认为深度新闻报道是"运用解释、分析、预测等方法，从历史渊源、因果关系、矛盾演变、影响作用、发展趋势等方面报道新闻的形式"①。

二是报道方式或方法说。如认为"深度新闻报道是一种系统反映重大新闻事件和社会问题，揭示其实质，追踪和探索其发展趋向的报道方式"②。

三是新闻文体或体裁说。如认为"深度新闻报道是介于动态新闻与新闻评论之间的一种相对独立的文体"③。"深度新闻报道是一种以深见长的新闻体裁"④。

也有学者提出了深度新闻报道不是一种文体（或体裁），也不是一种报道形式，而是一种思维方式和反映活动，是新闻工作者在考察新闻事件、提炼新闻事实、传播新闻信息时所采用的思维角度与方法。它是一种从客观的新闻事实到主观的媒介现实再到客观的受众现实的特别反映活动，虽然新闻报道都是一种主观对客观的反映活动，但浅层次报道（常以消息类短新闻的形式出现）反映新闻事实的方式是孤立的、静止的、断面的或感性的；而深度新闻报道对新闻事实的反映则是联系的、动态的、全面的和理性的。⑤

（二）深度新闻报道的类别

首先，深度新闻报道从文体形式上可以分为两大类，即独立文体的深度新闻报道和组合文体的深度新闻报道。

独立文体的深度新闻报道又可以分为解释性报道、调查性报道、预测性报道、分析性报道和述评性报道。⑥也有学者认为应该分为解释性报道、调查性报道、预测性报道、独家新闻、服务性报道和"新式新闻"。⑦虽然两种方式略有不同，但其中解释性报道、调查性报道、预测性报道三种相同的类型，都是被一致认可的深度新闻报道。

组合文体的深度新闻报道则可以分为整合报道、连续报道、系列报道三类。组合文体的深度新闻报道中的内容元素是根据内容的相近性组合在一起的，元素个体并不刻意追求深刻，但由于它们之间内容相互补充，表现力又比较丰富，因此整体上比单一新闻报道更有深度。

---

① 甘惜分. 新闻学大辞典 [M]. 郑州：河南人民出版社，1993：154.
② 程世寿. 深度新闻报道与新闻思维 [M]. 北京：新华出版社，1991：286.
③ 吴培恭. 深度报道的特征（上）[J]. 新闻界，1989（4）：15-16.
④ 丁柏铨. 当代新闻文体写作 [M]. 西安：陕西师范大学出版社，1998：379.
⑤ 王晴川 海贝，黄泓一. 论电视新闻深度新闻报道的几个问题 [J]. 新闻大学，2000（3）：85-88.
⑥ 陈作平. 新闻报道新思路：新闻报道认识论原理及应用 [M]. 北京：中国广播电视出版社，2000：368-373.
⑦ 刘明华. 西方新闻采访与写作 [M]. 北京：中国人民大学出版社，1993：256.

（三）深度新闻报道的特征

深度新闻报道与传统新闻报道的方式不同。深刻、全面是深度新闻报道所追求的主旨，有着其特有的品格。深度新闻报道的特征贯穿于报道思想中，体现在报道内容、报道方式等各个方面。简单来说，深度新闻报道具有内容的深刻性、思想的深入性、题材的重大性、报道方式的多样性等特征。

（四）深度新闻报道的意义

深度新闻报道作为一种追求深刻性的报道理念，贯穿于所有新闻报道活动过程中。其意义在于从中观层面来说，深度新闻报道不仅要善于纵向分析，还要能够横向联系，要能够从庞杂的事实中组织与事件相关的材料，拓展新闻的深度与广度；从微观层面来说，深度新闻报道不仅来自新闻事实，更来源于透视事实的角度。因此，在具体的新闻报道中，要善于寻找最能体现新闻主题的视角，达到以一管而窥全豹的效果。[①]

在信息化高度发达的今天，在新媒体的众声喧哗中，深度新闻报道已成为传统电视媒体的一张"王牌"。目前，受众通过新媒体接收了大量碎片化信息，但在多而杂的众声喧哗中，受众被裹挟在信息的漩涡中迷失了方向。这时，受众更加渴求电视新闻深度新闻报道的权威解读。如何树立前瞻的、科学的报道理念，精挑选题、深耕细节，充分利用新媒体和电视技术的特长，将新闻做得好看、做出品牌，是当今电视媒体的新闻采编及管理人员必修的功课。[②]

二、无人机如何提升新闻的深度

（一）无人机提升新闻深度的方法

其一，新闻调查要有深度，要尽可能地了解新闻事件的来龙去脉，不要受碎片化阅读模式的负面影响，而要专注于新闻调查行为的方方面面，凭借理性的思考能力、逻辑辨别和判断能力，收集和整理常见的各种现象和问题信息等，继而以文字和镜头来反映或反馈事实。

其二，注重策划的预见性，保证新闻报道的传播效益能够得到发挥，彰显新闻采访的深度。在实地调查获取第一手资料的基础上，积极策划，面对已经掌握的题材和线索，要仔细去研究和判断，进而找到对应的思路，明确实际报道方向，这样才能保证报道传播效益的充分发挥。

---

① 薛国林，彭雪蕾. 深度新闻报道为何没有深度——从新闻专业主义看当前深度新闻报道的不良倾向 [J]. 新闻与写作，2013（8）：23-25.
② 赵京梅. 新媒体语境下电视新闻深度新闻报道探析 [J]. 现代传播（中国传媒大学学报），2015（8）：164-165.

（二）无人机对提升新闻深度的作用

根据深度新闻报道的分类，解释性报道、调查性报道、预测性报道都是深度新闻报道的一种。

解释性报道是一种用相关事实来解释和分析新闻事件的新闻报道方式。而其中，新闻背景是解释性报道中的重要角色。新闻背景在消息报道和解释性报道中的不同是：消息报道中为了防止喧宾夺主，会限制对新闻背景的说明，而一般将其置于文章的最后几段，字数较少；而在解释性报道中新闻背景的意义举足轻重，文章常常依托背景展开，字数多，文体容量大。消息报道中，新闻背景只是对新闻的局部加以参照、注释或说明，一般对全文的主题不会产生决定性影响，提供的背景材料是零散的、辅助性的；但解释性报道中，正是要通过对背景材料的解释，将主题清晰地表达出来，提供的背景材料是系统的，与主题息息相关。

无人机的出现，为全面、系统地获取新闻背景资料提供了便利。而调查性报道作为一种以较为系统、深入地揭露问题为主旨的报道形式[①]，有了无人机的参与后，将更能提升新闻报道的公信力。

第二节　无人机对新闻广度的拓展

一、什么是新闻的广度

（一）新闻的广度：一个被模糊的概念

在我国的深度新闻报道研究中，都把新闻的广度划入了深度的范围，并认为深度是最终目的，宽度通常是手段。[②]

杜骏飞、胡翼青在《深度报道原理》一书中指出，深度新闻报道的广泛性是仅次于深刻性的一大特性，且广泛性与深刻性是互为前提的，没有广度，深度无法基于充分的事实；没有深度，广度也就成了信息的无用堆砌。在此基础上，他们把以广度为主要特点的"整合报道""连续报道""系列报道"也划入了深度新闻报道的范围。[③]

美国著名传媒研究专家阿斯普提出了"资讯性"（informativity）的概念，并把它作为评价新闻节目的尺度，在此之后，他又进一步将新闻信息的评估细化为密度（density）、宽度（breath）和深度（depth）三个具体方向。密度、宽度更多表现新闻

① 甘惜分. 新闻学大辞典 [M]. 郑州：河南人民出版社，1993（5）：156.
② 雷淑容. 广度：一个新闻学上被模糊的概念 [J]. 新闻传播，2003（5）：71.
③ 杜俊飞，胡翼青. 深度报道原理 [M]. 北京：新华出版社，2001：12.

信息的量的方面，深度则是新闻品质的体现。

在人们的观念中一直存在一些误会，一是认为深度新闻报道的反面就是对广度的追求，提倡新闻的宽度就意味着肤浅、无聊、苍白、浅尝辄止，是对新闻报道不负责任的表现；二是认为广度就是新闻信息量的简单堆砌，是在单位传播媒体中所传播信息的数量指标；三是认为广度是深度的表现。

其实，所谓新闻的广度，就是新闻六要素所能延伸、拓展、波及的程度，对一则新闻而言，来龙去脉是深度，旁枝末节就是广度，"硬"就是深度，"软"就是广度，广度就是宏观的视角、微观的细节、中观的多面，一篇雅俗共赏的新闻就是深度与广度的完美统一。广度与深度一样，是记者报道新闻时的一种处理方式，是一种旨趣，一种视野，一种追求。

而且，在当今新闻媒体越来越激烈的市场竞争中，广度与深度一样，正成为媒体制胜的手段。必须补充的一点是，有深度必然有广度，但是有广度，未必就能产生深度，对深度的追求对于媒体工作者而言是无止境的，但广度一旦过头，就会对新闻产生巨大的伤害。[①]

（二）提升新闻广度的意义

广度是立体的、有血有肉的新闻报道的基石，正是因为有广度，新闻才会产生深度、密度、纯度，才会雅俗共赏，才会令广大受众产生强烈的共鸣。正是因为对广度的追求，才会出现越来越多的适应社会发展的新的报道方式，它们使新闻的视角越来越趋于平民化，使新闻的疆界、范围、触角无限延伸，使百姓与读者成为媒介文化的主角，也使新闻成为我们日常生活的仪式和景观。[②]

新闻如果内容浮浅、格调不高，很难长久吸引大众，尤其无法吸引社会主流人群的关注，而随着民众审美情趣的提升，全民文化素质的提高，人们需要更多、有广泛社会意义和一定影响力的新闻。因此，新闻想要得到长足发展，首先应该努力拓展题材选择的广度，提升新闻品格。

二、无人机对拓展新闻广度的探索

（一）如何拓展新闻的广度

1. 生产的角度

（1）时间长度：坚守跟进，用足新闻资源

不论时间长短，一个新闻事件总有其发生发展的过程。对于类似一事一例的动

---

① 雷淑容. 广度：一个新闻学上被模糊的概念[J]. 新闻传播，2003（5）：71.
② 雷淑容. 广度：一个新闻学上被模糊的概念[J]. 新闻传播，2003（5）：71.

态新闻事件，因其发生的前后过程较短，结果明朗化较快，从事这一类的新闻报道时，无论发现和表现，讲究"短平快"，相对较易把握。而那些影响面大、涉及面广、意义重大的新闻事件，延续时间往往较长。面对这类跨度大、时间长的新闻事件，不是一次采访就了事，不是一个报道就了事，更需要坚守和跟进，沿着事件的推进和演绎进程，去关注、去发现、去表现，发挥新闻的舆论引导作用。[①]

（2）空间跨度：拓宽视野，放大新闻效应

新闻是常出常新的产品，若想获取更多的效应，需要进行综合立体性开发。一个经得起检验且具有广泛影响的新闻现象，不仅要有媒体人的"长相厮守"，还得拓宽视野，关注事件发生发展过程的多维空间广度。这里所指的空间广度，包含三个层面：一是视野由点及面，报道地域面广；二是视野由此及彼，报道思维空间拓宽；三是视野兼合多种角色，多种场合释放声音。[②]

2. 制作的角度[③]

（1）组合式。即将某一类新闻事件或某一新闻事件的各个侧面的报道以编辑方法捏合在一起，对新闻事件进行全方位立体的及时报道。媒体对重大突发事故的新闻报道多采用这样的处理方式。在这样的新闻报道中，可以说触及的面越宽越好。对于有的重大突发新闻事件，如火灾、瓦斯爆炸，媒体往往是派出多位记者前往现场，采用消息、通讯、侧记、图片、评论等形式，多角度、多侧面地进行报道，这样的报道往往是战略式、全息式的，一经见报，就能产生轰动效应。

（2）对比式。为了加强新闻的传播效果，媒体经常采用对比式的处理方法，如贫富差距、战争与和平、爱与恨、正义与邪恶、见义勇为与胆怯自私、英雄与小人、廉洁与腐败等，这些主题都能通过对比的方法实现拓宽空间和思路，从而启迪受众的目的。

（3）链接式。此类报道以后期编辑、制作为主，主要是寻找相关资料的工作。

（4）滚动式。适用于重大新闻事件的报道。这类新闻持续时间长，所跨领域广，牵涉的人物与事件极具轰动性，往往能引起广大受众的高度兴趣与激烈反应，以致媒体不得不每天辟出专版、专栏进行滚动式翻新报道，有的甚至策划专刊、另出号外以满足受众的需求。

（5）策划报道式。媒介不满足于守株待兔式地捕捉新闻，而是利用自身的影响，围绕某一主题进行一系列活动，从而策划新闻报道，取得轰动效应。在此类新闻中，

---

① 王其伦. 长度·广度·深度——新闻资源的整合与立体开发 [J]. 新闻窗，2009（4）：22-23.
② 王其伦. 长度·广度·深度——新闻资源的整合与立体开发 [J]. 新闻窗，2009（4）：22-23.
③ 雷淑容. 广度：一个新闻学上被模糊的概念 [J]. 新闻传播，2003（5）：71.

新闻记者不仅报道新闻，而且也是新闻的主角，他们的行动也是新闻的一部分。策划报道无论是主题、报道方式还是角度都是对于传统新闻的重大突破，它们不仅大大扩展了新闻的外延和内涵，而且使得新闻报道的手段具有前所未有的灵活性。

（6）杂交式。在新的媒体环境中，传统新闻文体产生了一些变化，如消息通讯化、评论信息化、特写文学化。

（二）无人机拓展新闻广度的要求

1. 生产的角度

提升新闻的广度要求全方位地把握新闻事件。新闻演进发展的动态过程要尽可能地记录。无人机具备客观记录新闻现场的优势，能够及时反映新闻事件的发展变化，如无人机拍摄自然灾害、大型社会事件时，利用图像变化检测技术和目标检测技术通过事件前后的航拍照片对比，能够更加直观地展现出事件的影响力。而且无人机以其飞行高度和灵活机动的特性，可以帮助新闻记者跨越空间的局限，扩大新闻报道的地域。

2. 制作的角度

在上面提到的六种提升新闻广度的方式中可以看出，新闻广度的提升有赖于对新闻事件全方位的掌握，多角度、多侧面的报道。这就需要充分地挖掘和掌握更多不同角度的新闻素材。无人机以其轻便、隐蔽的特性，非常适合参与这种战略式、全息式的报道活动。

第三节　无人机新闻的数据维度

一、数据的定性维度与定量维度

（一）数据维度的含义

维度是事物或现象的某种特征，如性别、地区、时间等都是维度。其中，时间是一种常用、特殊的维度，通过时间的前后对比，就可以知道事物的发展是好还是坏，如用户数环比上月增长 10%、比上一年同期增长 20%，这就是时间上的对比，也称为纵比；另一个比较就是横比，如不同国家人口数、GDP 的比较，不同省份收入、用户数的比较，不同公司、不同部门之间的比较，这些都是同级单位之间的比较，简称横比。

（二）数据维度的分类

数据维度可以分为定性维度和定量维度，也就是根据数据类型来划分。数据类型为字符型、文本型数据的，就是定性维度，如地区、性别等都是定性维度；数据类型为数值型数据的，就是定量维度，如收入、年龄、消费等。

只有通过事物发展的数量、质量两大方面，从横比、纵比角度进行全方位的比较，我们才能够全面地了解事物发展的好坏。

二、数据对于无人机新闻的意义

通过无人机获取的数据主要分为两种：一是无人机自身的飞行数据，包括飞行高度、飞行半径等；二是通过其搭载的微型相机获取的拍摄数据。

与传统的摄影媒介相比，无人机技术有其独到的优势，技术含量也相对较高，如何更好地使用无人机，最大限度地开发利用其在新闻摄影领域的潜力，挖掘无人机带来的数据优势，这里主要关注的是如下两个方面。

（一）飞行轨迹

要运用到无人机拍摄的现场，一般情况较为复杂，新闻记者无法跟随无人机进入现场，但是只需利用简单的无人机控制软件，就能够对无人机航线进行规划，实现获取飞行轨迹和数据采集的基本功能。

（二）新闻现场鸟瞰图

利用无人机拍摄鸟瞰图需要在全景表现和细节呈现中找到平衡。若新闻摄影中需要用到清晰度较高的鸟瞰图时，就需要对多张航拍照片进行拼接。通过几何校正、特征空间提取、搜索特征空间、相似度量等步骤，即可对图像进行配准。[1]

第四节　无人机在草根新闻中的应用

一、随着新媒体发展的草根新闻

（一）草根新闻的定义

近年来，互联网的普及程度不断提高，以互联网为依托的草根新闻开始兴起。"草根"一词源自英文 grass roots，在陆谷孙主编的《英汉大辞典》中，把 grass roots 单

---

① 谢盛兰，曹飞凤. 无人机技术在新闻摄影中的应用[J]. 视听纵横，2017（1）：62-63.

列为一个词条，其英文释义为：①群众的、基层的；②乡村地区的；③基础的、根本的。"草根"是相对于"精英"而存在的一个概念，带有大众时代的文化情绪。由"草根"即普通社会个体或群体制作并发布的新闻被称作草根新闻（grassroot journalism）。它还有许多别名，如"公民新闻"（citizen journalism）、"参与新闻"（participatory journalism）等。

发布这种新闻的媒体基本上都是网络媒体，常被人称作"自媒体"（we media）、"社会媒体"（social media）、"协同媒体"（collaborative media）等，实际上主要也就是各式各样的博客站点、BBS以及为数不多的几个草根新闻网站。

网络出现以前，新闻主要由新闻媒体生产并传播给广大受众。网络技术的进步与网络的普及为草根新闻的兴起提供了必要的条件。草根新闻是一根划亮了的火柴，虽然火光在风中摇曳，一阵风就可以将其吹灭，但它毕竟照亮了一些新闻媒体没有照亮的角落。①

（二）草根新闻与新技术

草根新闻最近几年的蓬勃发展离不开新技术的支持，相对于传统媒体的新闻采集与发布，新闻传播主体由专业媒体转向一般个人。

草根新闻当前已成为新闻传播不可忽略的重要组成部分。由专业媒体新闻到草根新闻，最主要的变化在于：新闻采集与发布主体由专业媒体转向一般个人。这种变化之所以能够发生，原因在于新媒介技术手段的发展。在以网络技术为核心的新媒介技术时代，草根新闻借助各种新兴技术手段得以存活并获得大的发展。由此看来，草根新闻天然地具有对新媒介技术的依赖性。②

二、无人机对草根新闻发展的作用

草根新闻的发展离不开新技术的推动。以互联网为核心的新媒体技术为草根新闻的萌芽和发展铺平了道路。无人机作为一项新技术，自然也会对草根新闻的进一步发展提供助推力。

（一）操作简便，航拍效果好

随着消费级无人机市场的发展，无人机技术不断成熟。微小型无人机操作越来越简便，没有专业门槛，很容易上手。

无人机航拍拍摄效果好，能够满足草根新闻的需要，这种技术优势无疑为草根

---

① 郑一卉. 虚拟世界中的一阵骚动——草根新闻批评 [J]. 现代传播（中国传媒大学学报），2008（2）；129-131.
② 魏少华. 零门槛的隐忧：草根新闻与把关人理论 [J]. 新闻界，2009（3）；67-68，71.

新闻的发展提供了新的动力。

（二）方便携带，价格合理

无人机机体小，有些无人机还可以折叠，携带十分方便，这为个人新闻采编提供了便利。无人机的航拍操作只需要 1 ～ 2 人即可完成，不需要庞大的摄制团队。加之与其他航拍手段相比，无人机航拍具有价格优势，能为很多人所接受，所以消费级无人机市场发展迅猛。

虽然无人机的应用还面临着不少问题和政策风险，但是无人机的推广和普及无疑为个人新闻采编提供了更多的可能和便利，而且为草根新闻提供了向专业化发展的高空视角。

后　记

　　2015 年，无人机辅助新闻报道开始逐渐走向公众，并成为新闻行业中万众瞩目的焦点，很多业内人士将那一年称为中国的"无人机元年"。生活中"元年"的提法似乎太过频繁和主观，但是回顾 2015 年，无人机确实是在那一年开启了中国全民的"上帝视角"，并在今后的几年中成为新闻传播行业和学界讨论的热点。那一年，中国民用消费级无人机市场规模疯长到了 8 亿元；那一年，全国人大代表黄润秋将一份特殊的"航拍议案"带到北京，让无人机首次"飞"进全国"两会"；也是在那一年，新华网建立的首家全国性无人机报道编队拍摄了"8·12"天津滨海新区危险品仓库爆炸事件现场的核心区。也就是从那一年起，辅助新闻报道的无人机成为新闻人心中理想的"驻空记者"。记者们可以操控无人机纵横山河、飞越险境、直抵现场，拍摄下高清的视频和画面。无人机让新闻增添了原本不曾拥有的"上帝视角"；让舆论监督拥有了来自空中的"侦察兵"；也可以让公众居高临下、一览无余。还是在那一年，作为新闻教育工作者，我们也开始接触并关注无人机，探讨无人机辅助新闻报道融入新闻传播学科人才培养体系的可能性。

　　2016 年，一个难得的机会，新华社组织了一场无人机航拍培训。当时，无人机培训市场火爆，新华社却给高校老师们留了几个名额，幸得导师吴飞教授的推荐，在那半个月里，我第一次系统全面地学习了无人机操控和航拍技巧，并成功考取了无人机飞行执照。正是这次学习经历激起了我对无人机新闻教学实践的极大兴趣，并开始着手编写这本教材。教材的第一稿其实在 2017 年就已经完成，还和中国国际广播出版社签订了出版合同，责任编辑刘晗老师也在百忙之中对书稿提出了修改建议。惭愧于当时工作太过繁忙，对书稿的修订工作一直处于停滞阶段，而这一停就是三年，帮我收集书稿资料的张盈、陶陶两位研究生同学也早已毕业，书稿也错过了无人机快速发展的最好时机。

也就是在 2017 年，无人机市场开始"虚火"降温，各种限制性政策相继出台，无人机消费市场俨然陷入"僧多粥少"的窘境，资本市场也开始迅速转冷，相关企业倒闭、裁员、转型发展的消息不绝于耳。尤其是以航拍为主打的消费级无人机始终难以摆脱航模玩具的标签，市场增长潜力有限。但也正是在这段时间，让整个无人机行业从初创的井喷期过渡到了洗牌期，真正有实力的企业得以凝心聚力、夯实基础，在市场定位、技术研发、渠道合作方面狠下功夫，无人机的微型化、智能化和专业化水平不断提升。

2021 年，我们再次腾出手来对教材进行修订和完善。此时的无人机航拍已经取得了长足的发展，拥有了更精准的操控方式、更低延时的图传技术、更高的画质、更大的视野，以及更好的飞控和智能化水平。无人机技术的不断发展恰如吴飞教授在《媒介技术演进脉络的哲学考察》一文中所指出的，"人类创造媒介技术的初衷是为'我'、为'我们'的自由与解放，所以媒介是人的社会性存在的要件"。而不断发展的无人机技术在服务于新闻人"自由与解放"的同时，更是嵌入日常的新闻报道流程，成为呈现社会的重要维度和方式，这对我们的修订和完善提出了更高的要求。

而此时的梳理与修改的难度变得更大，我们需要对很多方面进行重新梳理。于是，本轮书稿的梳理得到了浙大宁波理工学院王军伟教授和刘建民教授的大力协助，浙江工业大学宣传部的陈曼姣老师，人文学院新闻传播学专业的硕士研究生童威楠、毕佳琦、张晓蝶、史梦倩和王锦婷同学也参与到了本轮书稿的编辑和校对工作中来，苏州大学传媒学院的陆俊浩同学更是协助我们对书中的图片素材进行了重新的拍摄和调整。

最后还是要感谢本书的责任编辑朱玲老师的辛劳付出，她的专业与敬业令人印象深刻。

由于无人机技术的日新月异以及成书时间有限，本书难免有疏漏、偏狭之处，诚请专家和读者不吝指正，期待修订时臻于完善。

邵 鹏

2023 年 8 月 20 日